1000 FAITS SUR LES PLUS GRANDS JEUX VIDÉO DE TOUS LES TEMPS

Sommaire

Introduction 8

Among Us (2018, iOS et Android) 9

Animal Crossing: New Horizons (2020, Nintendo Switch).. 10

Assassin's Creed II (2009, PlayStation 3)............................ 11

Baldur's Gate (1998, PC).. 12

Baldur's Gate II: Shadows of Amn (2000, MS Windows).... 14

Batman: Arkham Asylum (2009, PlayStation 3) 15

Batman: Arkham City (2011, PlayStation 3)....................... 16

Battlefield 3 (2011, MS Windows) 17

BioShock (2007, MS Windows) 19

BioShock Infinite (2013, MS Windows) 20

Borderlands 2 (2012, PlayStation 3) 21

Borderlands 3 (2019, MS Windows)................................ 22

Call of Duty 4: Modern Warfare (2007, PlayStation 3)........ 24

Call of Duty: Warzone (2020, MS Windows) 25

Castlevania: Symphony of the Night (1997, PlayStation)... 26

Celeste (2018, Nintendo Switch) 28

Celeste (2018, PlayStation 4)...................................... 29

Chrono Trigger (1995, Super NES) 30

Civilization V (2010, MS Windows)................................ 31

Counter-Strike (2000, MS Windows) 32

Cuphead (2017, MS Windows)..................................... 33

Dark Souls III (2016, PlayStation 4) 35

Diablo II (2000, MS Windows) 36

Diablo III (2012, MS Windows) 37

Donkey Kong (1981, Arcade) 38

Dota 2 (2013, MS Windows) 39

Dragon Age: Origins (2009, MS Windows) 41

Doom (1993, MS-DOS) 42

Elder Scrolls V: Skyrim (2011, MS Windows) 43

Fable II (2008, Xbox 360) 44

Fall Guys: Ultimate Knockout (2020, MS Windows) 46

Fallout: New Vegas (2010, MS Windows) 47

Final Fantasy VII (1997, PlayStation) 48

Final Fantasy X (2001, PlayStation 2) 49

Fortnite (2017, MS Windows) 51

Gears of War (2006, Xbox 360) 52

Genshin Impact (2020, iOS & Android) 53

God of War (2018, PlayStation 4) 54

God of War II (2007, PlayStation 2) 56

GoldenEye 007 (1997, Nintendo 64) 57

Grand Theft Auto V (2013, PlayStation 3) 58

Grand Theft Auto: San Andreas (2004, PlayStation 2) 60

Half-Life 2 (2004, MS Windows) 61

Halo: Combat Evolved (2001, Xbox) 62

Hearthstone (2014, MS Windows) 63

Hollow Knight (2017, PC) 65

Kingdom Hearts II (2005, PlayStation 2) 66

League of Legends (2009, MS Windows)............................ 67

Legend of Zelda: Breath of the Wild (2017, Switch) 69

Legend of Zelda: Ocarina of Time (1998, Nintendo 64)...... 70

Legend of Zelda: Twilight Princess (2006, GameCube)...... 71

Mario Kart 8 Deluxe (2017, Nintendo Switch).................... 72

Mass Effect 2 (2010, Xbox 360) 74

Metal Gear Solid (1998, PlayStation)................................ 75

Metal Gear Solid 2: Sons of Liberty (2001, PlayStation 2) . 76

Metroid Prime (2002, GameCube)..................................... 78

Minecraft (2011, MS Windows) 79

Monster Hunter: World (2018, PlayStation 4)..................... 80

Mortal Kombat II (1993, Arcade) 82

Need for Speed: Most Wanted (2005, PlayStation 2).......... 83

Okami (2006, PlayStation 2) 84

Overwatch (2016, MS Windows).. 85

Pac-Man (1980, Arcade) 87

Persona 5 (2016, PlayStation 3)....................................... 88

Pikmin 2 (2004, GameCube)... 89

Plants vs. Zombies (2009, MS Windows) 90

PlayerUnknown's Battlegrounds (2017, MS Windows)....... 92

Pokémon Red and Blue (1998, Game Boy) 93

Portal 2 (2011, MS Windows)... 94

Quake (1996, MS-DOS).. 95

Red Dead Redemption 2 (2018, PlayStation 4) 97

Resident Evil 2 (1998, PlayStation)................................98

Resident Evil 4 (2005, GameCube) 99

Sekiro: Shadows Die Twice (2019, PlayStation 4) 101

Silent Hill 2 (2001, PlayStation 2) 102

SimCity 2000 (1993, Macintosh) 103

Sonic the Hedgehog 2 (1992, Sega Genesis)...................105

Spelunky (2008, MS Windows)....................................106

StarCraft (1998, MS Windows)....................................107

Street Fighter II (1991, Arcade).................................108

Super Mario 64 (1996, Nintendo 64) 110

Super Mario Bros. (1985, NES) 111

Super Mario Galaxy (2007, Wii)..................................112

Super Mario World (1990, Super NES)..........................113

Super Metroid (1994, Super NES)................................114

Super Smash Bros. Ultimate (2018, Nintendo Switch) 116

Team Fortress 2 (2007, MS Windows) 117

Tetris (1984, Elektronika 60) 118

The Last of Us (2013, PlayStation 3) 120

The Last of Us Part II (2020, PlayStation 4).....................121

The Legend of Zelda: A Link to the Past (1991, SNES) 122

The Sims (2000, MS Windows) 123

The Witcher 3: Wild Hunt (2015, MS Windows) 125

Tomb Raider (1996, Sega Saturn).................................126

Tony Hawk's Pro Skater 2 (2000, PlayStation) 127

Uncharted 2: Among Thieves (2009, PlayStation 3) 129

Undertale (2015, MS Windows) 130

Warcraft III: Reign of Chaos (2002, MS Windows) 131

World of Warcraft (2004, MS Windows) 132

XCOM: Enemy Unknown (2012, MS Windows) 134

Conclusion 136

*«It's dangerous to go alone!
Take this.»*
*— The Old Man, The Legend of
Zelda*

Introduction

Il existe peu de domaines aussi vastes, captivants et en constante évolution que l'univers du jeu vidéo. Depuis les modestes pixels de "Pong" jusqu'à l'époustouflante réalité de "The Witcher 3: Wild Hunt", le monde des jeux vidéo est un mélange fascinant de technologie, d'art, de culture et de passion humaine. À travers cette épopée, des jeux emblématiques tels qu'"Among Us", "Tomb Raider" et "World of Warcraft" ont non seulement défini des générations, mais ont aussi repoussé les limites de ce que nous pensions possible.

"1000 faits sur les plus grands jeux vidéo de tous les temps" n'est pas seulement un hommage à ces chefs-d'œuvre interactifs. C'est un voyage à travers le temps, un retour sur des décennies d'innovations, d'émerveillements et de moments mémorables. Que vous ayez accompagné Lara Croft dans ses premières aventures, dirigé des armées dans "Warcraft III: Reign of Chaos", ou découvert des traîtres dans "Among Us", chaque page de ce livre est conçue pour raviver vos souvenirs tout en vous offrant des perspectives inédites.

Alors, préparez-vous à plonger dans un monde d'anecdotes, de récits et de découvertes. Laissez-vous surprendre, émerveiller et surtout, rappelez-vous pourquoi nous jouons.

Bonne lecture et bon jeu !

Daniel Scott

Among Us (2018, iOS et Android)

- **Popularité** : À l'origine sorti en 2018, le jeu a connu un énorme pic de popularité en 2020, deux ans après sa sortie initiale, principalement grâce à des streamers et des YouTubers.
- **Développement** : Among Us a été développé par un petit studio, InnerSloth, composé de seulement trois personnes.
- **Langage** : Le nom du jeu, "Among Us", est inspiré de la phrase souvent utilisée dans les films policiers "L'assassin est parmi nous".
- **Inspiration** : Le concept du jeu est inspiré de jeux de société tels que "Loup-Garou" ou "Mafia", où les joueurs doivent déduire qui est le traitre parmi eux.
- **Personnalisation** : Les joueurs peuvent personnaliser leurs avatars avec une variété de chapeaux, de skins et de couleurs, bien que certains d'entre eux soient payants.
- **Cartes** : À l'origine, le jeu comptait une seule carte, The Skeld. Deux autres, MIRA HQ et Polus, ont été ajoutées plus tard.
- **Animations** : Les animations des "kill" par les imposteurs ont été inspirées par des scènes de films cultes de science-fiction et d'horreur.
- **Sécurité** : Suite à la popularité du jeu, de nombreux joueurs ont créé leurs propres serveurs privés, ce qui a conduit les développeurs à renforcer la sécurité pour éviter les tricheurs.

- **Sequels** : InnerSloth avait prévu une suite, "Among Us 2", mais a décidé de l'annuler pour se concentrer sur l'amélioration du jeu original en raison de sa popularité croissante.
- **Communauté** : Grâce à son système simple de chat textuel, Among Us a donné naissance à d'innombrables mèmes, blagues et argots Internet, renforçant encore sa présence culturelle.

Animal Crossing: New Horizons (2020, Nintendo Switch)

- **Confinement** : Le jeu est sorti pendant la pandémie de COVID-19 et est devenu un échappatoire pour de nombreuses personnes en confinement, leur permettant de socialiser virtuellement.
- **Musique** : Chaque heure du jeu a sa propre mélodie, ce qui signifie qu'il y a 24 morceaux de musique distincts qui se jouent au fil de la journée.
- **Hémisphères** : Pour la première fois dans la série Animal Crossing, les joueurs peuvent choisir leur hémisphère, ce qui affecte les saisons et la faune disponible.
- **Économie** : Les joueurs peuvent acheter et vendre des navets sur un "marché boursier", où les prix fluctuent chaque jour.
- **Célébrités** : Des personnalités comme Elijah Wood et Brie Larson ont montré leur amour pour le jeu, partageant leurs expériences sur les réseaux sociaux.

- **Mises à jour** : Nintendo a régulièrement mis à jour le jeu pour ajouter de nouveaux événements, objets et personnages, maintenant l'intérêt des joueurs sur le long terme.
- **Customisation** : New Horizons a introduit un niveau de personnalisation sans précédent, permettant aux joueurs de créer leurs propres motifs pour vêtements, sols, meubles et même tatouages au sol.
- **Musée** : L'élégant musée du jeu, géré par Blathers la chouette, offre une présentation visuellement impressionnante des diverses créatures, fossiles et œuvres d'art collectées.
- **Crossovers** : D'autres franchises Nintendo, comme Mario et Zelda, ont été célébrées dans Animal Crossing grâce à des objets thématiques.
- **Langue** : Les personnages du jeu ont leur propre langage sonore, appelé "Animalese", qui varie en fonction de la vitesse de lecture du joueur.

Assassin's Creed II (2009, PlayStation 3)

- **Renaissance** : Le jeu se déroule pendant la Renaissance italienne, offrant aux joueurs une reconstitution détaillée de villes historiques comme Florence et Venise.
- **Ezio** : Le personnage principal, Ezio Auditore da Firenze, devient l'un des personnages les plus emblématiques de la série, apparaissant dans trois jeux principaux.

- **Léonard** : Léonard de Vinci, le célèbre peintre et inventeur, joue un rôle crucial en tant qu'allié d'Ezio, fournissant des inventions et des armes.
- **Glyphes** : Éparpillés dans le jeu, il y a des glyphes secrets qui, une fois décryptés, révèlent une vidéo mystérieuse liée à l'intrigue générale de la série.
- **Plumes** : La collecte de 100 plumes est l'un des défis secondaires du jeu, un mémorial pour le jeune frère d'Ezio, Petruccio.
- **Musique** : La bande originale du jeu, composée par Jesper Kyd, est largement reconnue comme l'une des meilleures musiques de jeu vidéo.
- **Carnavale** : Une partie du jeu se déroule pendant le célèbre Carnaval de Venise, où Ezio doit utiliser le chaos festif à son avantage.
- **Tombeaux** : Les tombeaux cachés à travers l'Italie offrent des énigmes basées sur le parkour, récompensant les joueurs avec des pièces de l'armure d'Altaïr.
- **Famille** : Contrairement à beaucoup d'autres jeux, l'histoire d'Ezio est profondément liée à sa famille, offrant une narration plus personnelle.
- **Traditions** : Le cri "Requiescat in pace" (Repose en paix) prononcé par Ezio après chaque assassinat est devenu une signature pour le personnage.

Baldur's Gate (1998, PC)

- **D&D** : Le jeu est basé sur les règles de la 2e édition de "Dungeons & Dragons", offrant aux joueurs une expérience de jeu de rôle authentique.
- **Bioware** : C'est l'un des premiers titres majeurs développés par BioWare, qui deviendra plus tard célèbre pour des séries comme "Mass Effect" et "Dragon Age".
- **Narration** : Malgré les limites techniques de l'époque, "Baldur's Gate" a été salué pour sa narration profonde et ses personnages mémorables.
- **Expansion** : Le jeu a bénéficié d'une extension, "Tales of the Sword Coast", qui a ajouté de nouvelles zones, quêtes et améliorations.
- **Renaissance** : "Baldur's Gate" est souvent crédité pour avoir revitalisé le genre du RPG sur ordinateur à une époque où il était en déclin.
- **Voix** : Le jeu a introduit le personnage emblématique Minsc et son hamster spatial "Boo", qui sont devenus célèbres pour leurs répliques humoristiques.
- **Infinity** : Il a été développé en utilisant l'Infinity Engine, qui a également été utilisé pour d'autres titres classiques comme "Planescape: Torment" et "Icewind Dale".
- **Succès** : À sa sortie, "Baldur's Gate" s'est vendu à plus de deux millions d'exemplaires, faisant de lui l'un des RPG les plus vendus de son époque.
- **Editions** : En 2012, une "Enhanced Edition" a été publiée, offrant des graphismes améliorés, de nouvelles classes de personnages, et des quêtes inédites.
- **Héritage** : Son succès a conduit à une suite, "Baldur's Gate II: Shadows of Amn", qui est également considérée comme l'un des plus grands RPG de tous les temps.

Baldur's Gate II: Shadows of Amn (2000, MS Windows)

- **Suite** : Bien que ce soit la suite directe de "Baldur's Gate", ce jeu offre une histoire encore plus vaste et plus approfondie, avec des choix moraux complexes.
- **Amn** : L'action se déroule principalement dans la ville de Athkatla, la capitale de la région d'Amn, offrant un cadre riche en politique et en intrigue.
- **Jon** : Le méchant principal, Jon Irenicus, est célèbre pour sa cruauté et son histoire complexe, rendant sa confrontation inévitablement épique.
- **Romances** : Pour la première fois, les joueurs peuvent entrer dans des romances avec certains compagnons, ajoutant une nouvelle dimension à la narration.
- **Classes** : "Shadows of Amn" a introduit de nombreuses nouvelles classes et kits, permettant une plus grande personnalisation des personnages.
- **Underdark** : Une section mémorable du jeu emmène les joueurs dans l'Underdark, une région souterraine peuplée de créatures étranges et dangereuses.
- **Viconia** : La prêtresse drow Viconia DeVir est l'un des personnages les plus controversés et intéressants, avec une histoire torturée liée à son héritage drow.
- **Dragons** : Les confrontations avec les dragons sont parmi les combats les plus difficiles et les plus gratifiants du jeu.

- **Modding** : "Baldur's Gate II" a une communauté de modding active, ajoutant de nouvelles quêtes, personnages et améliorations même des années après sa sortie.
- **Throne** : L'extension "Throne of Bhaal" a non seulement ajouté une grande quantité de contenu, mais a également conclu l'histoire épique de la saga "Baldur's Gate".

Batman: Arkham Asylum (2009, PlayStation 3)

- **Renaissance** : Avant "Arkham Asylum", les jeux basés sur Batman étaient considérés comme inégaux en qualité. Ce titre a redéfini les attentes pour les adaptations de super-héros en jeu vidéo.
- **Combat** : Le système de combat fluide du jeu, basé sur des combos et des contres, est devenu la référence pour de nombreux jeux d'action par la suite.
- **Voice** : Les légendaires Kevin Conroy et Mark Hamill ont repris leurs rôles de Batman et du Joker, respectivement, de la série animée des années 90.
- **Scarecrow** : Les séquences hallucinatoires induites par l'Épouvantail sont parmi les moments les plus mémorables, offrant une perspective déformée du monde à travers les yeux de Batman.
- **Riddler** : Au-delà de l'histoire principale, le jeu propose des énigmes complexes posées par l'Homme-mystère, incitant les joueurs à explorer chaque recoin de l'asile.

- **Grapnel** : L'utilisation du grappin pour se balancer à travers les bâtiments et surprendre les ennemis d'en haut a offert une nouvelle dimension à la navigation.
- **Détective** : Le mode "vision de détective" permet aux joueurs d'analyser les scènes de crime, suivre des pistes et détecter des ennemis à travers les murs.
- **Comics** : Le jeu a puisé son inspiration non seulement des films et des séries animées, mais aussi directement des comics, avec des clins d'œil et des références pour les fans dévoués.
- **Graphisme** : Malgré son âge, les graphismes et l'ambiance du jeu ont été salués pour avoir capturé parfaitement l'atmosphère sombre de Gotham.
- **Série** : Le succès d'"Arkham Asylum" a conduit à la création de plusieurs suites, établissant une des séries de jeux vidéo les plus réussies de la décennie.

Batman: Arkham City (2011, PlayStation 3)

- **Expansion** : Par rapport à "Arkham Asylum", "Arkham City" offre une aire de jeu beaucoup plus grande, transformant une portion de Gotham en une prison à ciel ouvert.
- **Narration** : Le jeu a été salué pour son histoire complexe et riche, avec des rebondissements mémorables impliquant les plus grands ennemis de Batman.

- **Catwoman** : En plus de Batman, les joueurs peuvent aussi contrôler Catwoman dans certaines séquences, offrant une dynamique de jeu différente.
- **Calendrier** : L'Homme Calendrier est caché dans le jeu, et révèle des anecdotes sur les super-vilains de Gotham en fonction de la date réelle du calendrier.
- **Freeflow** : Le système de combat "Freeflow" a été encore affiné, permettant des combos encore plus spectaculaires et des confrontations de groupe plus stratégiques.
- **Robin** : Pour la première fois dans la série, Robin est jouable dans certaines missions secondaires et défis, avec son propre style de combat.
- **Musique** : La bande-son épique, composée par Ron Fish et Nick Arundel, a été saluée pour son adaptation parfaite à l'ambiance sombre et intense de Gotham.
- **Clayface** : L'un des combats de boss les plus mémorables oppose Batman à Clayface, exploitant de manière créative les capacités métamorphiques du vilain.
- **Two-Face** : Double-Face, bien qu'un élément central de l'histoire, est présenté de manière nuancée, oscillant entre le criminel et l'ancien allié Harvey Dent.
- **Easter-Eggs** : "Arkham City" est truffé de secrets et d'easter-eggs, certains si bien cachés qu'ils n'ont été découverts que des années après la sortie du jeu.

Battlefield 3 (2011, MS Windows)

- **Graphisme** : Le jeu a été l'un des premiers à utiliser le moteur Frostbite 2, offrant des visuels époustouflants, en particulier dans les scènes de destruction.
- **Destruction** : Le niveau de destruction des environnements a été poussé à un niveau inédit, permettant aux joueurs de détruire des murs, des sols et même des bâtiments entiers.
- **Multijoueur** : "Battlefield 3" est surtout reconnu pour son mode multijoueur robuste, supportant jusqu'à 64 joueurs dans une seule partie sur PC.
- **Audio** : La conception sonore a été saluée pour son réalisme, avec des bruits de balles, d'explosions et d'ambiance de champ de bataille immersifs.
- **Véhicules** : De nombreux véhicules, de chars à jets, sont disponibles en multijoueur, offrant une variété de stratégies de combat.
- **Campagne** : Le jeu offre une campagne solo intense, mêlant missions à pied et séquences en véhicule, avec une histoire centrée sur une guerre moderne.
- **CO-OP** : Un mode coopératif est présent, permettant à deux joueurs de s'associer pour accomplir des missions spécifiques ensemble.
- **Récompenses** : "Battlefield 3" a reçu de nombreux prix et nominations, notamment pour ses graphismes, son audio et son gameplay.
- **Extensions** : Plusieurs packs d'extension ont été publiés après le lancement, ajoutant de nouvelles cartes, modes et armes.
- **Communauté** : Grâce à son succès et à sa longévité, "Battlefield 3" a développé une communauté dédiée de

joueurs, qui continue d'organiser des matchs et des
événements plusieurs années après sa sortie.

BioShock (2007, MS Windows)

- **Rapture** : La ville sous-marine de "BioShock" s'appelle
  Rapture, un endroit isolé du monde extérieur où la
  science, l'art et l'industrie prospèrent sans restrictions
  morales ou éthiques.
- **Plasmides** : Dans le jeu, les joueurs peuvent utiliser des
  plasmides, qui modifient l'ADN pour donner des super-
  pouvoirs comme lancer du feu ou de l'électricité.
- **Big Daddies** : Ces ennemis emblématiques, vêtus de
  scaphandres, sont des protecteurs des Little Sisters et
  constituent l'une des images les plus reconnaissables du
  jeu.
- **Philosophie** : L'histoire et le cadre de "BioShock" sont
  fortement influencés par les idées de l'auteur Ayn Rand,
  en particulier son concept d'objectivisme.
- **Moralité** : Le jeu propose des choix moraux, notamment
  la décision de sauver ou d'exploiter les Little Sisters, ce
  qui a un impact direct sur la fin du jeu.
- **Environnement** : Rapture est un personnage en soi,
  avec son architecture Art déco, sa propagande
  omniprésente et son éclairage sinistre.
- **Audio** : Les enregistrements audio laissés par les
  habitants de Rapture racontent l'histoire de la ville et de
  ses habitants, donnant une profondeur à l'intrigue.

- **Récompenses** : "BioShock" a été largement salué par la critique, remportant de nombreux prix pour son scénario, son gameplay et son design artistique.
- **Révolution** : Le jeu a redéfini ce qu'un jeu de tir à la première personne pouvait être, avec un fort accent sur la narration et l'environnement.
- **Suite** : En raison de son succès, "BioShock" a engendré plusieurs suites et est considéré comme l'un des plus grands jeux vidéo de tous les temps.

BioShock Infinite (2013, MS Windows)

- **Columbia** : Le jeu se déroule dans la ville volante de Columbia, une merveille technologique représentant le rêve américain, mais remplie de contradictions politiques et sociales.
- **Elizabeth** : L'un des personnages principaux, Elizabeth, possède le pouvoir de créer des "déchirures" dans la réalité, ce qui influence grandement le gameplay et l'histoire.
- **Sky-Line** : Un système de transport innovant qui permet aux joueurs de se déplacer à grande vitesse sur des rails suspendus tout en combattant.
- **Racisme** : Le jeu traite ouvertement des thèmes de la race, de la religion et du nationalisme, souvent de manière critique.
- **Multivers** : "BioShock Infinite" joue avec l'idée des univers parallèles, offrant des réflexions sur le libre arbitre et le destin.

- **Songbird** : Cet imposant ennemi mécanique est à la fois protecteur et geôlier d'Elizabeth, jouant un rôle central dans l'histoire.
- **Musique** : Le jeu contient des reprises anachroniques de chansons modernes, insérées de manière créative dans le monde de Columbia.
- **Barber Shop** : Dans une scène mémorable, un quartet a cappella chante "God Only Knows" des Beach Boys, un exemple des nombreux clins d'œil culturels du jeu.
- **Réception** : À sa sortie, "BioShock Infinite" a été salué pour son histoire complexe, ses personnages bien développés et ses commentaires sociaux audacieux.
- **Burial at Sea** : Cette extension du jeu ramène les joueurs à Rapture, la ville sous-marine du premier "BioShock", offrant une conclusion poignante à l'histoire de la série.

Borderlands 2 (2012, PlayStation 3)

- **Pandora** : Le jeu se déroule sur la planète Pandora, un monde rempli de dangers, de créatures étranges et de trésors cachés.
- **Cell-shading** : Le style graphique distinctif de "Borderlands 2" est inspiré de la technique du cell-shading, donnant au jeu un aspect "dessin animé" unique.
- **Classes** : Les joueurs peuvent choisir parmi plusieurs classes de personnages, chacune avec ses propres

compétences et talents, comme le Commando, le Sirene, ou le Chasseur de l'Arche.

- **Guns** : Le jeu est célèbre pour avoir littéralement des millions de variations d'armes à feu, grâce à un système de génération procédurale.
- **Claptrap** : L'une des icônes du jeu est un petit robot nommé Claptrap, connu pour ses remarques comiques et souvent inappropriées.
- **Handsome Jack** : L'antagoniste principal, Handsome Jack, est l'un des méchants les plus mémorables du monde des jeux vidéo, à la fois charmant et cruel.
- **Coopération** : "Borderlands 2" est particulièrement apprécié pour son mode coopératif, permettant à quatre joueurs de s'associer pour affronter les défis de Pandora ensemble.
- **Expansions** : Le jeu a bénéficié de plusieurs extensions, chacune ajoutant de nouvelles zones, ennemis et histoires à l'univers déjà vaste de "Borderlands 2".
- **Tiny Tina** : L'un des personnages secondaires les plus aimés est Tiny Tina, une jeune fille explosive avec une obsession pour les explosifs.
- **Easter Eggs** : "Borderlands 2" est rempli de clins d'œil et d'easter eggs, faisant référence à d'autres jeux, films, et même à des mèmes Internet populaires.

Borderlands 3 (2019, MS Windows)

- **Évolution** : Bien que conservant son style graphique signature, "Borderlands 3" a vu une nette amélioration visuelle par rapport à ses prédécesseurs, offrant des détails plus riches et des animations plus fluides.
- **Voyages** : Pour la première fois dans la série, les joueurs peuvent voyager à travers plusieurs planètes, chaque lieu ayant son propre environnement et ses propres ennemis.
- **Calypso** : Les antagonistes principaux, les jumeaux Calypso, Tyreen et Troy, cherchent à exploiter le pouvoir des chambres alien pour devenir des dieux.
- **Véhicules** : "Borderlands 3" a étendu son assortiment de véhicules jouables, permettant aux joueurs de personnaliser entièrement leurs engins pour le combat terrestre et aérien.
- **Beastmaster** : Une des nouvelles classes de personnages, FL4K le Beastmaster, peut apprivoiser et commander des créatures pour attaquer ses ennemis.
- **Social** : Des fonctionnalités sociales ont été introduites, comme la possibilité de visiter les vaisseaux spatiaux de ses amis ou de les défier en duel.
- **Guns avec jambes** : Dans la tradition de "plus c'est fou, mieux c'est", certaines armes de "Borderlands 3" peuvent littéralement développer des jambes et poursuivre les ennemis.
- **Ping** : Inspiré par d'autres titres modernes, le jeu a introduit un système de ping, permettant aux joueurs de marquer des objets et des ennemis sans avoir à parler.
- **Maliwan** : L'un des fabricants d'armes emblématiques, Maliwan, propose maintenant des armes qui peuvent

alterner entre deux types d'éléments, comme le feu et l'électricité.

- **ECHOcast** : Une extension Twitch innovante, ECHOcast, permet aux téléspectateurs de regarder les diffusions de "Borderlands 3" et de gagner du butin en jeu.

Call of Duty 4: Modern Warfare (2007, PlayStation 3)

- **Révolution** : "Modern Warfare" a marqué un tournant pour la série "Call of Duty", délaissant les théâtres de la Seconde Guerre mondiale pour un contexte contemporain.
- **Multijoueur** : Le jeu a introduit un système de progression multijoueur avec des rangs, des atouts et des séries de victimes, qui est devenu une norme pour les futurs titres de la série.
- **Ghillie** : Une des missions, "Tout le monde camo", où le joueur est en combinaison ghillie pour une opération d'infiltration, est considérée comme l'une des plus mémorables de toute la franchise.
- **Captain Price** : Ce jeu a présenté le célèbre personnage, le Captain John Price, qui est devenu un visage emblématique de la série.
- **Nuke** : L'une des scènes les plus choquantes est celle où une explosion nucléaire détruit une ville, tuant un personnage jouable.

- **Controverse** : Le jeu a été critiqué pour sa représentation du Moyen-Orient, certains le qualifiant de propagande militaire.
- **Succès** : "Modern Warfare" a reçu de nombreux prix et est souvent cité comme l'un des meilleurs jeux de tir à la première personne de tous les temps.
- **Infinity Ward** : Développé par Infinity Ward, le jeu a établi de nombreux standards pour les futurs titres "Call of Duty" et d'autres jeux de tir.
- **AC-130** : Le niveau où les joueurs contrôlent les armes d'un avion AC-130, en vue aérienne, a été à la fois loué pour son réalisme et critiqué pour son approche détachée du combat.
- **Prestige** : Le mode multijoueur a introduit le concept de "Prestige", où les joueurs peuvent réinitialiser leur progression pour gagner des récompenses exclusives.

Call of Duty: Warzone (2020, MS Windows)

- **Gratuit** : "Warzone" est l'un des rares jeux "Call of Duty" proposés en tant que free-to-play, attirant ainsi des millions de joueurs dès le premier jour.
- **Verdansk** : Le jeu se déroule sur la carte massive de Verdansk, qui contient de nombreux lieux inspirés des cartes populaires des précédents titres "Call of Duty".
- **Goulag** : Une caractéristique unique du jeu est le Goulag - une chance pour les joueurs éliminés de revenir dans le match en gagnant un combat 1 contre 1.

- **150 joueurs** : Contrairement à de nombreux autres jeux Battle Royale, "Warzone" a débuté avec 150 joueurs par match, un nombre qui a été augmenté par la suite.
- **Contrats** : Les contrats, des missions secondaires disponibles pendant les matchs, offrent des récompenses et ajoutent une nouvelle stratégie au genre Battle Royale.
- **Plunder** : En plus du mode Battle Royale, "Warzone" a lancé un mode distinct appelé "Plunder", où les joueurs doivent collecter et déposer de l'argent.
- **Crossplay** : "Warzone" supporte le crossplay, permettant aux joueurs de différentes plateformes de jouer ensemble, une fonctionnalité révolutionnaire pour la série.
- **Mise à jour** : En raison de la taille gigantesque des mises à jour et des téléchargements, le jeu a été critiqué pour occuper un espace énorme sur les disques durs.
- **Rebirth Island** : Une mise à jour majeure a introduit une nouvelle carte, Rebirth Island, offrant une expérience plus rapide et plus intense par rapport à Verdansk.
- **Records** : Le jeu a établi plusieurs records en matière de téléchargement et de joueurs actifs, soulignant son succès dans le monde du Battle Royale.

Castlevania: Symphony of the Night (1997, PlayStation)

- **Métamorphose** : Le héros, Alucard, possède le pouvoir unique de se transformer en chauve-souris, loup ou brume pour progresser dans le château.
- **Inversion** : Une fois terminé, le jeu révèle un château inversé, doublant essentiellement la taille et la complexité du terrain de jeu.
- **RPG** : Contrairement aux autres jeux "Castlevania", "Symphony of the Night" a introduit des éléments RPG, comme les niveaux, les équipements et les statistiques.
- **Sans fouet** : C'est l'un des rares jeux "Castlevania" où le personnage principal ne manie pas le célèbre fouet Vampire Killer.
- **Musique** : La bande sonore du jeu, composée par Michiru Yamane, est largement considérée comme l'une des meilleures musiques de jeu vidéo de tous les temps.
- **Dracula** : Alucard n'est autre que le fils de Dracula, cherchant à arrêter les plans maléfiques de son père.
- **Échec** : Malgré son statut culte actuel, le jeu n'était pas un énorme succès commercial à sa sortie.
- **Voix** : La version originale comportait des dialogues mémorables, parfois considérés comme maladroitement traduits, donnant lieu à des répliques cultes comme "What is a man?"
- **Inspirations** : "Symphony of the Night" a posé les bases du sous-genre "Metroidvania", combinant le style de jeu de "Castlevania" avec celui de la série "Metroid".
- **Objets** : Avec plus de 200 objets différents à collecter, le jeu offre une rejouabilité immense pour ceux qui cherchent à atteindre les 200% de complétion.

Celeste (2018, Nintendo Switch)

- **Défi** : "Celeste" est connu pour son niveau de difficulté élevé, poussant les joueurs à maîtriser des mouvements précis pour surmonter des obstacles.
- **Narration** : Le jeu aborde des thèmes profonds comme la dépression, l'anxiété et la détermination à travers l'histoire de Madeline.
- **Origines** : "Celeste" a commencé comme un prototype de jeu réalisé en quatre jours lors d'un game jam.
- **Fraises** : Bien que collecter des fraises soit optionnel, cela ajoute un défi supplémentaire pour les joueurs cherchant à tout compléter.
- **Musique** : La bande-son, composée par Lena Raine, est acclamée pour avoir parfaitement capturé l'essence émotionnelle du jeu.
- **Chapitres** : Le jeu contient des chapitres secrets qui ajoutent non seulement à l'histoire, mais aussi à la difficulté.
- **Récompenses** : "Celeste" a remporté plusieurs prix, dont le "Best Independent Game" aux The Game Awards.
- **Inspiration** : La montagne fictive que Madeline escalade dans le jeu est inspirée des montagnes de la Colombie-Britannique, au Canada.
- **Assistance** : Pour rendre le jeu accessible à davantage de joueurs, "Celeste" propose un mode d'assistance qui permet de modifier divers aspects du jeu, comme la vitesse.

- **Personnages** : Chaque personnage rencontré sur la montagne représente une facette de la lutte interne de Madeline.

Celeste (2018, PlayStation 4)

- **Speedrunning** : "Celeste" est un favori parmi la communauté de speedrunners, avec des records du monde régulièrement mis à jour.
- **Pixel-Art** : Bien que sorti en 2018, "Celeste" utilise un style artistique en pixel rappelant les jeux rétro.
- **Créateur** : Le jeu a été développé par le studio indépendant Maddy Makes Games, dirigé par Matt Thorson.
- **Thèmes** : Outre l'anxiété et la dépression, "Celeste" aborde aussi l'acceptation de soi à travers l'ascension de la montagne.
- **B-Sides** : Les joueurs peuvent découvrir des cassettes cachées qui débloquent des versions plus difficiles des niveaux existants.
- **Easter Eggs** : "Celeste" contient plusieurs secrets et easter eggs pour les joueurs attentifs et curieux.
- **Dédicace** : Chaque niveau est dédié à un aspect différent de la vie ou de l'histoire de Madeline, renforçant le récit.
- **Noms** : Les chapitres du jeu ont des noms évocateurs, tels que "Respiration", pour symboliser les étapes du voyage émotionnel.

- **Mécanique** : Le jeu n'autorise qu'un seul dash aérien, sauf dans certaines zones où cette limite est levée.
- **Pico-8** : Dans une section cachée du jeu, les joueurs peuvent trouver une version "mini" de "Celeste", développée comme un jeu pour la console virtuelle Pico-8.

Chrono Trigger (1995, Super NES)

- **Dream Team** : "Chrono Trigger" a été développé par une équipe de légendes du jeu vidéo, incluant Hironobu Sakaguchi (Final Fantasy), Yuji Horii (Dragon Quest) et Akira Toriyama (Dragon Ball) comme concepteur de personnages.
- **Endings** : Le jeu est célèbre pour ses multiples fins. Selon les actions du joueur, il existe plus de dix fins différentes à découvrir.
- **Voyage temporel** : "Chrono Trigger" utilise une mécanique de voyage dans le temps, permettant aux joueurs de visiter le même lieu à différentes époques.
- **Combats** : Contrairement à de nombreux JRPG de l'époque, les combats se déroulent directement sur la carte du monde, sans transition vers un écran de combat séparé.
- **Frog** : Un des personnages jouables est une grenouille anthropomorphique nommée "Frog", qui est en réalité un chevalier maudit.
- **Soundtrack** : La bande originale, composée par Yasunori Mitsuda et Nobuo Uematsu, est considérée

comme l'une des meilleures musiques de jeu vidéo de tous les temps.

- **Nu** : Ces étranges créatures bleues apparaissent à différents moments du jeu, offrant souvent des conseils ou des défis.
- **Lavos** : Le principal antagoniste, Lavos, est une entité extraterrestre qui absorbe l'énergie de la planète.
- **Time Egg** : Un artefact puissant que les joueurs peuvent obtenir, également connu sous le nom de "Chrono Trigger", qui joue un rôle clé dans l'histoire.
- **Revival** : Suite à un événement tragique dans le jeu, les joueurs ont la possibilité de ramener un personnage principal à la vie, en fonction de leurs choix.

Civilization V (2010, MS Windows)

- **Hexagones** : Contrairement à ses prédécesseurs, "Civilization V" a introduit un système de tuiles hexagonales, changeant profondément la stratégie de déplacement et de combat.
- **City-States** : Pour la première fois dans la série, le jeu a introduit les cités-états, des civilisations non-jouables qui peuvent devenir des alliées ou des ennemies.
- **Artworks** : Les leaders des différentes civilisations sont représentés avec des animations détaillées et uniques, reflétant leurs traits historiques.
- **DLCs** : Le jeu a reçu une pléthore de contenus téléchargeables, ajoutant de nouvelles civilisations, scénarios et mécaniques de jeu.

- **Religion** : Dans l'extension "Gods & Kings", la religion a été reintroduite comme élément majeur, permettant aux joueurs de fonder leur propre religion et d'évangéliser le monde.

- **Espionnage** : Le système d'espionnage, également introduit dans "Gods & Kings", permet aux joueurs de voler des technologies et d'influencer les cités-états.

- **Venise** : Parmi les civilisations jouables, Venise est unique en ce qu'elle ne peut pas fonder de nouvelles villes, mais peut prendre le contrôle des cités-états.

- **Wonders** : Le jeu comprend de nombreux "merveilles du monde", des bâtiments uniques qui offrent d'importants avantages, mais qui ne peuvent être construits qu'une fois dans le monde.

- **Policies** : Le système de politiques remplace le gouvernement traditionnel de la série, permettant aux joueurs d'adopter différentes idéologies et doctrines au fil du jeu.

- **Mods** : "Civilization V" a une communauté active de moddeurs qui ont créé une multitude de contenus personnalisés, des scénarios historiques aux civilisations fantaisistes.

Counter-Strike (2000, MS Windows)

- **Origines** : Counter-Strike a commencé comme un mod pour Half-Life avant de devenir un jeu à part entière grâce à sa popularité massive.

- **eSport** : C'est l'un des premiers jeux à avoir établi la scène eSport moderne, avec des compétitions et tournois professionnels.
- **Majors** : Les tournois majeurs de CS, appelés "Majors", attirent des millions de spectateurs en ligne et offrent des prix allant jusqu'à un million de dollars.
- **Skins** : Le jeu a introduit un marché pour les "skins" d'armes, certains étant vendus pour des milliers de dollars.
- **Maps** : Des cartes comme "de_dust2" sont devenues iconiques et sont jouées depuis près de deux décennies.
- **Noms** : Les joueurs utilisent un jargon spécifique comme "Eco" pour des tours sans achat d'armes ou "Rush B" pour un assaut rapide sur le point B.
- **Mises à jour** : Malgré son âge, le jeu continue de recevoir des mises à jour et des ajustements, gardant la communauté active et engagée.
- **Sequels** : Bien que le jeu original soit sorti en 2000, il a eu plusieurs suites, notamment Counter-Strike: Source et Counter-Strike: Global Offensive.
- **Communauté** : La communauté a créé d'innombrables cartes, mods et serveurs personnalisés, ajoutant une profondeur immense au jeu.
- **Cheats** : Le jeu est célèbre pour ses problèmes de tricheurs. Valve, la société derrière CS, a donc développé un système, appelé VAC (Valve Anti-Cheat), pour bannir ces joueurs.

Cuphead (2017, MS Windows)

- **Animation** : Inspiré des dessins animés des années 1930, chaque animation de Cuphead a été dessinée à la main.

- **Musique** : La bande-son comprend des morceaux originaux de jazz, big band et ragtime, enregistrés par des musiciens live.

- **Difficulté** : Reconnu pour sa difficulté élevée, Cuphead demande aux joueurs une précision millimétrée pour progresser.

- **Frères** : Le jeu a été créé par deux frères, Chad et Jared Moldenhauer, sous le nom de Studio MDHR.

- **Pari** : L'histoire du jeu tourne autour de Cuphead et Mugman faisant un pari risqué avec le diable, ce qui les conduit à une série de batailles épiques.

- **Récompenses** : Cuphead a remporté de nombreux prix pour sa direction artistique, son animation et sa musique.

- **Ventes** : À peine deux semaines après sa sortie, le jeu avait déjà vendu plus d'un million d'exemplaires.

- **Ennemis** : Au lieu d'être un jeu de plateforme traditionnel, la majeure partie du jeu se compose de combats contre des boss.

- **Développement** : Le développement a commencé en 2010, et le jeu était initialement prévu pour 2014. Cependant, pour atteindre leur vision, les développeurs ont repoussé la date de sortie à 2017.

- **Inspiration** : Les créateurs ont cité des jeux comme Contra, Gunstar Heroes et les jeux de plateforme Mega Man comme principales inspirations pour les mécanismes de Cuphead.

Dark Souls III (2016, PlayStation 4)

- **Difficulté** : Comme ses prédécesseurs, Dark Souls III est célèbre pour son niveau de difficulté impitoyable, exigeant patience et persévérance.
- **Direction** : Le jeu a été dirigé par Hidetaka Miyazaki, le créateur original de la série Dark Souls.
- **Embers** : Contrairement aux jeux précédents, l'utilisation d'Embers permet de rétablir sa santé maximale et d'augmenter la force d'attaque.
- **Ventes** : Dans les deux premiers mois suivant sa sortie, Dark Souls III a expédié plus de trois millions d'unités dans le monde.
- **Cendres** : L'un des thèmes récurrents du jeu est la cendre, représentant à la fois la décadence du monde et le pouvoir de renaissance.
- **Récompenses** : Dark Souls III a été nominé et a remporté plusieurs récompenses pour son design, sa musique et sa jouabilité.
- **Multijoueur** : Le jeu offre un mode multijoueur en ligne, où les joueurs peuvent coopérer ou se battre les uns contre les autres.
- **Mécanique** : Introduisant la mécanique du "stance", qui permet aux joueurs de changer leur style de combat à la volée.
- **Endings** : Dark Souls III propose plusieurs fins en fonction des choix du joueur tout au long du jeu.

- **Inspirations** : Miyazaki a déclaré que le jeu était fortement inspiré par des séries comme Berserk et différentes mythologies du monde.

Diablo II (2000, MS Windows)

- **Séquelle** : Après le succès retentissant du premier "Diablo", Blizzard Entertainment a misé sur une suite qui est devenue encore plus légendaire.
- **Classes** : Diablo II a introduit cinq nouvelles classes jouables, dont le Paladin, la Sorcière et le Nécromancien.
- **Expansion** : "Diablo II: Lord of Destruction", une extension sortie en 2001, a ajouté deux nouvelles classes et un cinquième acte au jeu.
- **Aléatoire** : Les niveaux de Diablo II sont générés aléatoirement, offrant une rejouabilité presque infinie.
- **RuneWords** : Avec l'extension, les joueurs pouvaient combiner des runes dans un ordre précis pour créer des "RuneWords" puissants, améliorant considérablement leurs équipements.
- **Modding** : Bien que non officiellement supporté, le jeu a développé une grande communauté de modding, offrant de nouvelles manières de jouer.
- **Histoire** : L'histoire suit un héros poursuivant le méchant Diablo à travers plusieurs continents.
- **Harcèlement** : Les joueurs se souviennent avec nostalgie (ou frustration) des fameux "Hardcore" morts et du vendeur insistant, Gheed.

- **Cinématiques** : À sa sortie, Diablo II était largement salué pour ses cinématiques impressionnantes qui racontaient l'histoire du jeu.
- **Résurrection** : Plus de 20 ans après sa sortie, Blizzard a annoncé "Diablo II: Resurrected", une version remasterisée du jeu, prouvant son statut intemporel.

Diablo III (2012, MS Windows)

- **Records** : À sa sortie, "Diablo III" a établi le record du jeu PC le plus rapidement vendu, avec plus de 3,5 millions de copies en 24 heures.
- **Erreur 37** : Le lancement a été marqué par des problèmes de serveur, avec la fameuse "Erreur 37" qui empêchait les joueurs de se connecter.
- **Artisanat** : Le système d'artisanat permet aux joueurs d'améliorer et de créer des équipements, introduisant un niveau supplémentaire de personnalisation.
- **Hôtel des ventes** : Diablo III a présenté un hôtel des ventes en jeu où les joueurs pouvaient acheter et vendre des objets pour de l'or en jeu ou de l'argent réel. Il a été fermé en 2014 en raison de préoccupations concernant son impact sur le gameplay.
- **Saisons** : Le jeu a introduit un système de "Saisons" où les joueurs peuvent créer un personnage saisonnier et accomplir des objectifs spécifiques pour des récompenses.

- **Réincarnation** : Le jeu a également introduit le mode "Hardcore", où la mort de votre personnage est permanente.

- **Extensions** : "Reaper of Souls", la première et unique extension de Diablo III, a été largement saluée pour avoir amélioré de nombreux aspects du jeu de base.

- **Niveaux** : Le niveau maximum d'un personnage est de 70, mais avec le système "Parangon", les joueurs peuvent continuer à améliorer leurs personnages indéfiniment.

- **Multijoueur** : Pour la première fois dans la série, les joueurs peuvent se joindre à d'autres aventuriers en temps réel via une fonction de jeu en ligne fluide.

- **Console** : Bien que lancé à l'origine sur PC, Diablo III a également été adapté pour plusieurs consoles, et il est souvent cité comme l'un des meilleurs ports de jeu sur console de cette génération.

Donkey Kong (1981, Arcade)

- **Premières apparitions** : "Donkey Kong" est le premier jeu où apparaissent Mario (initialement appelé Jumpman) et Donkey Kong.

- **Création** : Le jeu a été conçu par Shigeru Miyamoto, l'une des figures les plus influentes de l'histoire du jeu vidéo.

- **Controverse** : Universal Studios a poursuivi Nintendo en prétendant que "Donkey Kong" violait les droits d'auteur de leur film "King Kong". Ils ont perdu le procès.

- **Signification** : Le nom "Donkey Kong" vient de l'anglais "donkey" (âne) utilisé pour évoquer la ténacité et "kong", une transcription phonétique du mot japonais pour gorille.
- **Barils** : Dans le jeu, Donkey Kong lance des barils pour essayer d'arrêter Mario. Ce mécanisme est devenu emblématique dans l'industrie du jeu.
- **Innovations** : "Donkey Kong" est l'un des premiers exemples de jeu avec une narration complète et des animations d'interludes, établissant une nouvelle norme pour les jeux vidéo.
- **Suites** : Bien que le jeu original soit en 2D et centré sur l'escalade, ses suites ont évolué pour inclure des aventures en 3D, des jeux de course et même des jeux de musique.
- **Records** : "Donkey Kong" est l'un des jeux d'arcade les plus compétitifs en matière de scores élevés, avec des documentaires comme "The King of Kong" centrés sur la rivalité autour des records mondiaux.
- **Transformation** : Dans les suites, Donkey Kong passe du rôle d'antagoniste à celui de héros, souvent avec son copain Diddy Kong.
- **Sauvetage** : L'objectif du jeu est de sauver la demoiselle en détresse, Pauline, qui est l'une des premières héroïnes de l'histoire du jeu vidéo.

Dota 2 (2013, MS Windows)

- **Origines** : "Dota 2" est la suite officielle de "Defense of the Ancients" (DotA), une carte personnalisée créée pour le jeu "Warcraft III: The Frozen Throne".
- **Tournoi** : "The International" est le tournoi annuel de "Dota 2" avec l'un des plus gros prize pools de l'histoire de l'eSport. En 2019, il a dépassé 34 millions de dollars.
- **Héros** : Contrairement à de nombreux jeux, tous les héros dans "Dota 2" sont disponibles gratuitement dès le début.
- **Métamorphose** : Le jeu a commencé comme un mod et est maintenant l'un des jeux les plus joués sur Steam avec des millions d'utilisateurs actifs.
- **Terminologie** : Le mot "creep", couramment utilisé dans les jeux MOBA, trouve ses racines dans DotA où les petits monstres s'appelaient ainsi.
- **Chapeaux** : "Dota 2" est célèbre pour son marché d'objets cosmétiques, souvent appelés "chapeaux" par la communauté.
- **Récits** : Bien que ce soit un jeu compétitif, "Dota 2" a une richesse d'histoires et de lore derrière chacun de ses héros, racontée à travers des cinématiques, des descriptions d'objets et des voix.
- **Diversité** : Il y a plus de 115 héros dans "Dota 2", chacun avec son propre ensemble unique de compétences et de capacités.
- **Carte** : La carte du jeu, bien que constante dans sa structure, a connu de nombreux ajustements et refontes au fil des ans pour maintenir l'équilibre.
- **Easter Eggs** : De nombreuses références et easter eggs peuvent être trouvés dans le jeu, faisant référence à la

pop culture, à d'autres jeux et même à des événements de la communauté.

Dragon Age: Origins (2009, MS Windows)

- **Origines** : "Dragon Age: Origins" a été développé par BioWare, le même studio derrière les séries à succès "Mass Effect" et "Baldur's Gate".
- **Narration** : Le jeu offre six "origines" uniques, qui déterminent la façon dont le monde réagit au personnage du joueur et influencent l'histoire globale.
- **Conception** : Il a fallu près de cinq ans pour développer "Dragon Age: Origins", avec une attention particulière portée aux détails du monde et de ses habitants.
- **Récompenses** : Le jeu a reçu de nombreuses récompenses, dont plusieurs "Game of the Year" en 2009.
- **Langue** : BioWare a créé une langue elfique entièrement fonctionnelle pour le jeu, renforçant la profondeur du monde.
- **Décisions** : Les choix du joueur ont des conséquences profondes sur le déroulement de l'histoire, ce qui a été un pilier de la philosophie de conception de BioWare.
- **Monde** : Le monde de Thédas, où se déroule l'action, est vaste et diversifié, offrant une riche tape de races, de cultures et d'histoires.
- **Romances** : Le jeu offre de multiples options de romance pour les personnages, quel que soit leur sexe, reflétant la philosophie d'inclusion de BioWare.

41

- **Séquences** : "Dragon Age: Origins" a des séquences de combat tactique qui nécessitent une planification stratégique, en contraste avec les jeux d'action plus directs.
- **Modifications** : La version PC du jeu a une grande communauté de modding, avec des milliers de mods disponibles, allant des simples ajustements cosmétiques aux quêtes entièrement nouvelles et aux extensions de l'histoire.

Doom (1993, MS-DOS)

- **Pionnier** : "Doom" est considéré comme l'un des pionniers du genre FPS (First-Person Shooter), posant les bases pour de nombreux jeux à venir.
- **Controverses** : En raison de sa violence graphique, "Doom" a été au cœur de multiples controverses, alimentant le débat sur l'impact des jeux vidéo sur le comportement.
- **Modding** : "Doom" a introduit le concept de "WADs", permettant aux joueurs de créer leurs propres niveaux, ce qui a donné naissance à une vaste communauté de modding.
- **Réseau** : C'était l'un des premiers jeux à permettre le jeu en réseau, permettant à plusieurs joueurs de s'affronter ou de coopérer.
- **Influence** : L'expression "Doom clone" était utilisée pour décrire les FPS avant que le terme "First-Person Shooter" ne devienne courant.

- **Musique** : Sa bande-son emblématique, composée par Bobby Prince, a été inspirée par le heavy metal et le rock de l'époque.
- **Censure** : "Doom" a été interdit dans plusieurs pays en raison de sa violence graphique et de ses thèmes sataniques.
- **Symbole** : "Doom" est tellement emblématique qu'il est devenu un défi courant dans la communauté tech de le faire fonctionner sur des appareils non conventionnels, comme les calculatrices et même les frigos.
- **Secrets** : Le jeu est truffé de pièces et zones secrètes, incitant les joueurs à explorer chaque recoin pour tous les découvrir.
- **Iconique** : Le protagoniste silencieux du jeu, communément appelé "Doomguy", est devenu l'un des personnages les plus reconnaissables de l'histoire du jeu vidéo.

Elder Scrolls V: Skyrim (2011, MS Windows)

- **Dragonborn** : Dans "Skyrim", vous incarnez le "Dovahkiin" ou "Dragonborn", un être capable d'absorber l'âme des dragons et d'utiliser leurs cris puissants.
- **Mods** : "Skyrim" est renommé pour sa vaste communauté de modding, avec des dizaines de milliers de mods disponibles, transformant tout, du graphisme au gameplay.

- **Factions** : Le jeu offre de multiples factions rejoignables, comme les Compagnons, les Voleurs, ou même les Assassins de la Confrérie Noire.
- **Langage** : Bethesda a créé un véritable langage pour les dragons, avec une syntaxe et une grammaire spécifiques.
- **Radiant AI** : Le système d'IA de "Skyrim" permet aux PNJ de prendre des décisions, comme manger, dormir et discuter entre eux, rendant le monde plus vivant.
- **Exploration** : Avec plus de 150 donjons uniques, les joueurs peuvent passer des centaines d'heures à explorer sans jamais finir le scénario principal.
- **Climat** : "Skyrim" a introduit un système météorologique dynamique, influençant les habitudes des créatures et des PNJ.
- **Memes** : Le dialogue "I used to be an adventurer like you, then I took an arrow in the knee" est devenu un mème internet célèbre.
- **Musique** : La bande-son épique du jeu, composée par Jeremy Soule, est devenue iconique, notamment le morceau "Dragonborn".
- **Extensions** : "Skyrim" a bénéficié de plusieurs extensions majeures, notamment "Dawnguard" et "Dragonborn", qui ont apporté de nouveaux territoires et quêtes.

Fable II (2008, Xbox 360)

- **Moralité** : "Fable II" offre un système de choix moral où chaque décision impacte le monde et l'apparence du personnage.
- **Famille** : Le jeu permet aux joueurs de se marier, d'avoir des enfants et même de divorcer, reflétant les conséquences de leurs actions dans leur vie familiale.
- **Compagnon** : Les joueurs sont accompagnés par un chien fidèle qui les aide à trouver des trésors et à combattre des ennemis.
- **Economie** : Le monde de "Fable II" a une économie dynamique. Acheter des propriétés et ajuster les loyers peut influencer la prospérité des régions.
- **Expressions** : Avec un système d'expressions faciales interactif, les joueurs peuvent communiquer avec les PNJ en utilisant des gestes et des émotions.
- **Immersion** : "Fable II" ne comporte aucun écran de chargement entre les zones extérieures, ce qui augmente l'immersion dans son vaste monde ouvert.
- **Histoire** : L'histoire de "Fable II" se déroule 500 ans après le premier "Fable", dans un monde inspiré par l'Europe de la fin de la période médiévale et le début de l'ère moderne.
- **Cœurs** : Au lieu d'une barre de vie traditionnelle, les joueurs perdent des "cœurs" lorsqu'ils sont blessés. Plus le joueur possède de cœurs, plus il est résistant.
- **Récompenses** : Le jeu a été récompensé par plusieurs prix, notamment pour sa narration et son gameplay innovant.

- **Légende** : Dans "Fable II", la renommée du joueur grandit avec ses exploits, ce qui le conduit à devenir une véritable légende dans le monde d'Albion.

Fall Guys: Ultimate Knockout (2020, MS Windows)

- **Inspiré** : Le jeu s'inspire des émissions de télévision d'obstacles comme "Takeshi's Castle" où les participants doivent surmonter des défis physiques.
- **Couleurs** : Les personnages du jeu, appelés Fall Guys, sont disponibles dans une multitude de couleurs vives et de costumes amusants, créant un spectacle visuel éblouissant.
- **Multi-joueurs** : "Fall Guys" est strictement un jeu multijoueur en ligne, où 60 joueurs s'affrontent en simultané pour la victoire.
- **Chaos** : Chaque manche est imprévisible grâce à la physique hilarante et chaotique des Fall Guys, offrant des moments mémorables à chaque partie.
- **Saisons** : Le jeu introduit régulièrement de nouvelles "saisons", chacune apportant de nouveaux niveaux, costumes et défis.
- **Popularité** : À sa sortie, "Fall Guys" est devenu un phénomène viral, en partie grâce à son adoption par de nombreux streamers populaires sur Twitch et YouTube.
- **Collaborations** : Le jeu a vu plusieurs collaborations avec d'autres franchises de jeux vidéo, offrant des costumes spéciaux, comme Sonic et Godzilla.

- **Evolutions** : Depuis sa sortie, de nombreux niveaux, mécaniques et ajustements ont été ajoutés, montrant l'engagement des développeurs à garder le jeu frais et divertissant.
- **Soundtrack** : La bande-son du jeu, joyeuse et entraînante, est devenue presque aussi emblématique que le jeu lui-même.
- **Développeurs** : "Fall Guys" est développé par Mediatonic, un studio britannique, et a été une surprise pour beaucoup en raison de son succès fulgurant.

Fallout: New Vegas (2010, MS Windows)

- **Décision** : Le jeu offre un vaste système de choix moraux qui influencent la fin, avec plus de quatre dénouements majeurs possibles.
- **Lieu** : Bien que l'action se déroule dans un futur post-apocalyptique, les joueurs peuvent reconnaître des sites emblématiques de Las Vegas tels que le Strip et le Hoover Dam.
- **Développeurs** : Contrairement à d'autres jeux "Fallout", "New Vegas" a été développé par Obsidian Entertainment, composé de nombreux membres de l'équipe originale de "Fallout".
- **Difficulté** : Le mode "Hardcore" du jeu ajoute un réalisme supplémentaire, où les joueurs doivent gérer la faim, la soif et le sommeil.
- **Factions** : New Vegas est rempli de factions diverses, chacune avec ses propres intérêts et quêtes, dont

certaines peuvent être directement en conflit les unes avec les autres.

- **Réputation** : Le système de réputation permet aux joueurs de gagner la faveur ou l'inimitié des différentes factions en fonction de leurs actions.
- **Musique** : La bande-son du jeu s'inspire fortement de la musique des années 40 et 50, contribuant à créer une atmosphère rétro-futuriste.
- **Extensions** : "Fallout: New Vegas" a bénéficié de plusieurs extensions, chacune offrant de nouvelles zones à explorer et des histoires approfondies.
- **Caravane** : Le jeu introduit un mini-jeu de cartes appelé "Caravane", que les joueurs peuvent jouer avec de nombreux PNJ pour gagner des capsules.
- **Mécaniques** : L'une des mécaniques introduites dans "New Vegas" est la possibilité de viser spécifiquement certaines parties du corps en combat, permettant des stratégies plus complexes.

Final Fantasy VII (1997, PlayStation)

- **Innovation** : "Final Fantasy VII" a été le premier jeu de la série à utiliser des graphismes 3D et des cinématiques en temps réel.
- **Météore** : Le scénario épique implique une course contre la montre pour empêcher un météore de détruire la planète.

- **Aerith** : La mort d'Aerith, un personnage central, est l'un des moments les plus mémorables et émotionnels de l'histoire du jeu vidéo.
- **Materia** : Le système "Materia" permet aux joueurs de personnaliser les compétences et les sorts de leurs personnages de manière flexible.
- **Sephiroth** : Le principal antagoniste, Sephiroth, est devenu l'un des méchants les plus iconiques de la série.
- **Limit** : Le système de "Limit Breaks" permet aux personnages de déclencher des attaques spéciales puissantes lorsqu'ils ont subi suffisamment de dégâts.
- **Mondes** : Le jeu présente une variété d'environnements, de la mégalopole industrielle de Midgar aux vastes plaines et montagnes.
- **Mini-jeux** : Le Gold Saucer, un parc d'attractions dans le jeu, propose une multitude de mini-jeux, dont le course de Chocobos.
- **Culte** : La popularité de "Final Fantasy VII" a conduit à la création de plusieurs suites, préquels et adaptations, dont un film d'animation "Final Fantasy VII: Advent Children".
- **Musique** : La bande originale, composée par Nobuo Uematsu, est largement reconnue et a donné lieu à de nombreux concerts et albums.

Final Fantasy X (2001, PlayStation 2)

- **Voix** : "Final Fantasy X" est le premier jeu de la série à présenter des doublages pour les personnages, rendant l'histoire encore plus immersive.
- **Blitzball** : Introduit un mini-jeu populaire appelé Blitzball, un sport sous-marin qui est joué dans tout Spira.
- **Spira** : Contrairement à de nombreux mondes de la série "Final Fantasy", Spira est largement influencé par les cultures asiatiques, notamment thaïlandaise et indonésienne.
- **Pèlerinage** : Le récit suit Yuna, une invokeur, dans son pèlerinage pour vaincre le monstre Sin et apporter la paix.
- **Amour** : L'histoire d'amour entre Tidus et Yuna est au cœur du récit, et est l'une des romances les plus mémorables de la série.
- **Système** : Le "Système de Sphérier" permettait une progression des personnages unique, où les joueurs pouvaient choisir comment développer les compétences et les statistiques.
- **Graphiques** : À sa sortie, le jeu a été largement salué pour ses graphismes époustouflants et ses cinématiques détaillées.
- **Musique** : La chanson thème "To Zanarkand" est devenue l'une des mélodies les plus emblématiques de la série.
- **Suite** : "Final Fantasy X" a été le premier jeu de la série à recevoir une suite directe, "Final Fantasy X-2", centrée sur Yuna, Rikku et Paine.

- **Légende** : Le jeu a été si bien accueilli qu'il a été remastérisé pour plusieurs générations de consoles, permettant à de nouveaux fans de découvrir Spira.

Fortnite (2017, MS Windows)

- **Évolution** : À l'origine, Fortnite n'était pas un jeu de bataille royale, mais un jeu de survie où les joueurs construisaient des fortifications pour se défendre contre les hordes de zombies.
- **Danse** : Fortnite est célèbre pour ses emotes de danse, dont certains sont inspirés de célébrités ou de phénomènes culturels populaires.
- **Saisons** : Le jeu se renouvelle constamment à travers des "saisons", chacune apportant de nouveaux contenus, des thèmes et des changements de carte.
- **Collaborations** : Il a collaboré avec de nombreuses franchises et célébrités, allant de Marvel à Travis Scott, en passant par Star Wars.
- **Concerts** : Fortnite a organisé plusieurs concerts virtuels en direct dans le jeu, dont le plus notable est celui de Travis Scott, qui a attiré plus de 12 millions de joueurs.
- **Mise à jour** : En 2020, le jeu a été retiré de l'App Store d'Apple et du Google Play Store à la suite d'un conflit sur les paiements intégrés, ce qui a entraîné une bataille juridique.
- **Événements** : Les événements en direct sont courants dans Fortnite, avec des phénomènes comme l'éruption

de volcans, la formation de trous noirs ou l'invasion d'extraterrestres qui changent la dynamique du jeu.

- **Créativité** : Le mode "Créatif" permet aux joueurs de construire leurs propres îles et de créer leurs propres modes de jeu.
- **Cosmétiques** : Contrairement à beaucoup d'autres jeux, les achats dans Fortnite sont purement cosmétiques et n'offrent aucun avantage compétitif.
- **Global** : Grâce à son modèle freemium et à son accessibilité sur de nombreuses plateformes, Fortnite est devenu un phénomène mondial, joué par des millions à travers le monde.

Gears of War (2006, Xbox 360)

- **Révolution** : Gears of War a été l'un des premiers jeux à populariser le mécanisme de "couverture" dans les jeux de tir, où les joueurs se mettent à l'abri pour éviter les tirs ennemis.
- **Lancer** : L'arme emblématique du jeu est la tronçonneuse Lancer, une combinaison d'un fusil d'assaut et d'une tronçonneuse permettant des éliminations rapprochées spectaculaires.
- **Locuste** : Le principal antagoniste du jeu, les Locustes, vivent sous la surface de la planète Sera et ont un design inspiré des insectes.
- **Graphismes** : À sa sortie, Gears of War était considéré comme l'un des jeux les plus visuellement

impressionnants, définissant une nouvelle norme pour les graphismes des jeux vidéo.

- **Équipe** : Le jeu met l'accent sur la coopération, permettant à deux joueurs de jouer ensemble en mode campagne.
- **Esport** : Gears of War a rapidement gagné en popularité dans la scène compétitive, avec des tournois et des ligues dédiés.
- **Succès** : Le jeu a été un succès retentissant pour la Xbox 360, se vendant à plus de 5 millions d'exemplaires.
- **Romans** : La richesse de l'univers de Gears of War a donné lieu à une série de romans qui approfondissent l'histoire et les personnages.
- **Inspiration** : Cliff Bleszinski, le directeur créatif du jeu, s'est inspiré des films d'horreur et des films de guerre pour créer l'ambiance sombre et intense de Gears of War.
- **Séries** : Gears of War n'était que le début. Il a donné naissance à plusieurs suites, spin-offs et même des projets de films.

Genshin Impact (2020, iOS & Android)

- **Lucratif** : Genshin Impact a généré plus de 100 millions de dollars en moins de deux semaines après sa sortie, couvrant ainsi ses coûts de développement.
- **Open-World** : Le jeu propose un vaste monde ouvert inspiré des paysages naturels de la Chine, avec une variété de régions à explorer.

- **Élémentaire** : Le système de combat repose sur des interactions élémentaires, où combiner différentes capacités peut créer des effets spectaculaires.
- **Waifus** : Beaucoup de personnages ont gagné en popularité en tant que "waifus" ou "husbandos" pour les fans, entraînant une multitude de fanarts.
- **Gacha** : Genshin Impact utilise un système "gacha" pour l'acquisition de nouveaux personnages et armes, ce qui peut être à la fois addictif et controversé.
- **Multijoueur** : Bien que principalement un jeu solo, il est possible d'inviter des amis dans votre monde pour une coopération en mode multijoueur.
- **Musique** : La bande-son du jeu a été acclamée pour sa beauté, avec chaque région ayant ses propres mélodies distinctes.
- **Influences** : Bien que le jeu ait été comparé à The Legend of Zelda: Breath of the Wild pour son style et sa mécanique, les créateurs ont insisté sur le fait qu'ils ont été inspirés par de nombreuses sources.
- **Récompenses** : Genshin Impact a remporté plusieurs récompenses et nominations dans la catégorie "Meilleur jeu mobile" et "Meilleur jeu de rôle" dans divers événements.
- **Mondstadt** : La première région majeure que les joueurs explorent, Mondstadt, est fortement influencée par la culture et l'architecture européennes, tandis que d'autres régions ont d'autres influences culturelles.

God of War (2018, PlayStation 4)

- **Renaissance** : Bien que ce soit le huitième opus de la série, le jeu a été considéré comme une sorte de "renaissance" pour Kratos, avec un nouveau décor et un système de combat repensé.
- **Nordique** : Contrairement aux jeux précédents basés sur la mythologie grecque, celui-ci plonge dans la mythologie nordique, introduisant des créatures et des dieux comme Thor et Odin.
- **Atreus** : Pour la première fois, Kratos est accompagné d'un compagnon pendant tout le jeu, son fils Atreus, qui joue un rôle crucial dans l'histoire et le gameplay.
- **Plan-séquence** : Le jeu est remarquable pour son utilisation unique d'un plan-séquence continu, sans aucun écran de chargement ou coupure apparente pendant les cinématiques.
- **Leviathan** : Kratos abandonne ses lames iconiques pour la Hache Leviathan, qui possède la capacité unique d'être lancée et rappelée.
- **Récompenses** : God of War a remporté le titre de "Jeu de l'année" lors des Game Awards 2018, parmi de nombreux autres prix.
- **Runes** : Les joueurs peuvent améliorer leurs armes et compétences en utilisant des runes, introduisant ainsi un élément d'adaptabilité stratégique.
- **Maturité** : Contrairement aux précédents titres, ce God of War se concentre davantage sur la narration et la relation père-fils, offrant une expérience plus mature et émotionnelle.
- **Environnements** : Le monde du jeu est richement détaillé, avec des environnements allant de denses

forêts nordiques à des montagnes enneigées et des royaumes mythiques.

- **Résolution** : Le jeu tire pleinement parti des capacités de la PlayStation 4 Pro, offrant des résolutions allant jusqu'à 4K pour une expérience visuelle exceptionnelle.

God of War II (2007, PlayStation 2)

- **Suite** : Bien que la PlayStation 3 soit sortie en 2006, "God of War II" a été lancé sur la PlayStation 2, montrant l'importance de la console même en fin de vie.
- **Retour** : Après avoir vaincu Ares dans le premier opus, Kratos revient comme le nouveau dieu de la guerre, mais il est trahi par Zeus, donnant le ton pour l'intrigue de ce deuxième volet.
- **Mythes** : Tout comme son prédécesseur, le jeu plonge profondément dans la mythologie grecque, permettant aux joueurs de rencontrer des personnages comme Icare et les Moires.
- **Lames** : Les Lames d'Athéna, une version améliorée des Lames du Chaos, deviennent l'arme principale de Kratos dans ce volet.
- **Voyage** : La quête pour trouver les Moires est un voyage épique qui amène Kratos à voyager dans le temps, modifiant ainsi le cours de son destin.
- **Critiques** : À sa sortie, "God of War II" a été largement salué par la critique, recevant des éloges pour ses graphismes, son gameplay et sa narration.

- **Challenge** : Le jeu introduit le "Challenge of the Titans", un mode où les joueurs peuvent affronter des défis particuliers pour gagner des récompenses.
- **Taille** : Par rapport au premier opus, "God of War II" présente des environnements beaucoup plus vastes et des séquences épiques, comme le combat contre le Colosse de Rhodes.
- **Puzzle** : L'intégration des énigmes est devenue plus sophistiquée, obligeant les joueurs à utiliser à la fois leur cerveau et leurs muscles.
- **Fin** : La conclusion épique du jeu prépare le terrain pour le troisième volet, laissant les joueurs sur leur faim et impatients de connaître la suite de l'histoire.

GoldenEye 007 (1997, Nintendo 64)

- **Adaptation** : "GoldenEye 007" est basé sur le film James Bond de 1995, "GoldenEye", mais le jeu est sorti deux ans après le film.
- **Revolution** : Il est considéré comme l'un des pionniers des jeux de tir à la première personne sur console, posant les bases pour de nombreux jeux à venir.
- **Multijoueur** : Bien que la campagne solo soit mémorable, le mode multijoueur du jeu est devenu extrêmement populaire, avec des batailles épiques entre amis dans le salon.
- **Armes** : Avec une variété d'armes, allant du PP7 silencieux à la puissante RCP-90, les joueurs avaient une multitude de façons d'éliminer leurs adversaires.

- **Cheat Codes** : Les codes de triche étaient un gros atout de "GoldenEye", offrant des avantages comme l'invincibilité ou des munitions infinies.
- **Développement** : À l'origine, le jeu devait être un jeu de tir à défilement latéral pour la Super Nintendo, mais il a été repensé pour la N64.
- **Reconnaissance** : "GoldenEye 007" a remporté le BAFTA Interactive Entertainment Award en 1998.
- **Personnages** : Outre James Bond, les joueurs pouvaient incarner plusieurs personnages du film dans le mode multijoueur, dont Oddjob, qui était controversé en raison de sa petite taille et de sa difficulté à être visé.
- **Missions** : Le jeu offrait différents niveaux de difficulté, et selon le niveau choisi, des objectifs supplémentaires étaient ajoutés à chaque mission.
- **Musique** : La bande-son, composée par Graeme Norgate et Grant Kirkhope, est devenue emblématique, adaptant les thèmes classiques de James Bond tout en introduisant de nouvelles mélodies mémorables.

Grand Theft Auto V (2013, PlayStation 3)

- **Records** : À sa sortie, "Grand Theft Auto V" a généré un milliard de dollars en seulement trois jours, établissant un nouveau record mondial.
- **Protagonistes** : Pour la première fois dans la série, les joueurs pouvaient basculer entre trois protagonistes différents (Michael, Trevor et Franklin) pendant le jeu.

- **Los Santos** : La ville fictive de Los Santos est basée sur Los Angeles et est l'une des cartes les plus détaillées et les plus vastes jamais conçues par Rockstar.

- **Activités** : Outre les missions principales, les joueurs pouvaient s'adonner à une multitude d'activités secondaires, telles que le yoga, le tennis, la chasse et même l'achat d'actions en bourse.

- **Radio** : Le jeu proposait 15 stations de radio avec 240 chansons sous licence, et des DJ célèbres, dont Flying Lotus et Kenny Loggins, animaient certaines stations.

- **Online** : GTA Online, la composante multijoueur, a permis aux joueurs de se regrouper, de commettre des crimes, de gagner de l'argent et même d'acheter des propriétés et des véhicules ensemble.

- **Easter Eggs** : "GTA V" est célèbre pour ses nombreux easter eggs, dont des apparitions d'aliens, de fantômes et de monstres marins.

- **Cinématique** : Rockstar a intégré un éditeur de films dans le jeu, permettant aux joueurs de créer et de partager leurs propres films et vidéos.

- **Controverses** : Comme de nombreux jeux GTA avant lui, "GTA V" a été l'objet de controverses pour son contenu mature et violent.

- **Mises à jour** : Depuis sa sortie, GTA Online a reçu de nombreuses mises à jour gratuites, ajoutant de nouvelles missions, véhicules, propriétés et même de nouveaux modes de jeu, prolongeant ainsi la durée de vie du jeu de plusieurs années.

Grand Theft Auto: San Andreas (2004, PlayStation 2)

- **Étendue** : La carte du jeu couvre trois villes fictives inspirées de Los Angeles, San Francisco et Las Vegas, rendant San Andreas l'un des mondes ouverts les plus vastes de son époque.
- **Personnalisation** : C'était le premier GTA où les joueurs pouvaient personnaliser l'apparence de leur personnage, notamment son poids, sa coiffure et ses vêtements.
- **Soundtrack** : Le jeu offrait une bande sonore incroyablement diverse avec plus de 150 chansons sous licence réparties sur 11 stations de radio.
- **Gangs** : Les guerres de gangs étaient une caractéristique majeure, permettant aux joueurs de prendre le contrôle des territoires en affrontant d'autres gangs.
- **Missions** : San Andreas a introduit plusieurs types de missions nouveaux et uniques, y compris des cambriolages de maison et des rencontres avec des OVNIs.
- **RPG** : Introduisant des éléments de jeu de rôle, le personnage principal, CJ, pouvait améliorer ses compétences, comme la musculation, la capacité pulmonaire et la conduite.
- **Controverse** : Le "Hot Coffee Mod", un mini-jeu adulte caché non destiné à être accessible, a causé une énorme controverse, conduisant à des poursuites judiciaires et des rappels de jeux.

- **Acteurs** : Plusieurs acteurs bien connus, comme Samuel L. Jackson et James Woods, ont prêté leur voix aux personnages du jeu.
- **Jetpack** : Parmi les nombreux véhicules du jeu, le jetpack se démarque comme l'un des plus mémorables et des plus funs à utiliser.
- **Culture** : Le jeu est largement reconnu pour sa représentation authentique de la culture de la côte ouest des années 1990, avec une attention particulière portée aux détails des vêtements, de la musique et des paysages urbains.

Half-Life 2 (2004, MS Windows)

- **Révolution** : Le moteur Source du jeu a introduit des graphismes et des effets physiques révolutionnaires pour son époque, établissant un nouveau standard pour les jeux à venir.
- **Gravité** : Le Manipulateur Antigravité, un outil qui permet aux joueurs de soulever, déplacer et lancer des objets, est devenu l'un des éléments les plus emblématiques de Half-Life 2.
- **Silence** : Malgré son rôle central, le protagoniste, Gordon Freeman, ne prononce jamais un mot pendant toute la durée du jeu.
- **Raconteur** : Half-Life 2 est largement salué pour sa narration immersive qui est dévoilée par l'environnement et les interactions plutôt que par des cinématiques.

- **Reconnaissance** : En 2012, le jeu avait remporté 39 récompenses de jeu de l'année, et est souvent cité comme l'un des meilleurs jeux vidéo jamais réalisés.
- **City 17** : La ville dystopique, City 17, s'inspire des villes européennes et de leur architecture, offrant une atmosphère unique et mémorable.
- **Suite** : Le succès du jeu a entraîné la sortie de deux épisodes supplémentaires, prolongeant l'histoire mais laissant les fans dans l'attente d'un "Half-Life 3" pendant des années.
- **Mods** : Grâce au moteur Source, de nombreux mods et jeux dérivés ont vu le jour, y compris le très populaire "Garry's Mod".
- **Environnements** : Le jeu présente une grande variété d'environnements, des rues urbaines aux égouts, en passant par des prisons et des rivages extraterrestres.
- **Respiration** : Les Headcrabs, des créatures emblématiques de la série, peuvent être vus et entendus tout au long du jeu, ajoutant une tension constante à l'expérience.

Halo: Combat Evolved (2001, Xbox)

- **Début** : "Halo: Combat Evolved" est le premier jeu de la série emblématique "Halo", qui a aidé à définir la Xbox comme une console de jeu majeure.
- **Master Chief** : Le jeu a introduit le super-soldat Master Chief et son AI Cortana, devenant des icônes de la série.

- **Redéfinition** : Il a redéfini le genre du FPS sur console, avec son viseur, ses contrôles et sa dynamique de combat.
- **Renaissance** : Initialement conçu comme un jeu de stratégie en temps réel pour Mac, il s'est transformé en FPS pour la Xbox.
- **Multijoueur** : Bien que le jeu original ne disposait pas de multijoueur en ligne, il était célèbre pour ses batailles multijoueurs en écran partagé.
- **Véhicules** : Il était innovant à l'époque pour permettre aux joueurs de sauter dans et hors des véhicules en plein combat.
- **Musique** : La bande-son du jeu, composée par Martin O'Donnell, est devenue l'une des plus reconnues dans le monde du jeu vidéo.
- **Anneaux** : L'histoire tourne autour d'un anneau mystique appelé Halo, qui possède des secrets sombres et une histoire profonde.
- **Adaptations** : La popularité du jeu a conduit à la création de romans, de bandes dessinées, et même d'une série télévisée basée sur l'univers "Halo".
- **Impact** : "Halo: Combat Evolved" est souvent crédité d'avoir établi la Xbox comme une véritable concurrente dans le monde des consoles, menant à une suite de jeux acclamés.

Hearthstone (2014, MS Windows)

- **Origine** : "Hearthstone" a été développé par Blizzard Entertainment, la même entreprise derrière des titres emblématiques comme "World of Warcraft" et "StarCraft".
- **Simplicité** : Malgré la profondeur du jeu, "Hearthstone" a été conçu pour être accessible, même pour ceux qui n'ont jamais joué à un jeu de cartes à collectionner auparavant.
- **Mobile** : Bien qu'il ait été lancé sur MS Windows, "Hearthstone" a gagné une immense popularité lorsqu'il a été porté sur les plateformes mobiles.
- **Expansions** : Le jeu a vu une multitude d'extensions depuis son lancement, chacune apportant de nouvelles cartes et mécaniques.
- **Gratuit** : "Hearthstone" adopte un modèle freemium, où le jeu de base est gratuit, mais les joueurs peuvent acheter des paquets de cartes avec de l'argent réel.
- **Tournois** : L'eSport autour de "Hearthstone" est florissant, avec des championnats du monde organisés chaque année avec d'énormes prix en jeu.
- **Classes** : Le jeu propose 10 classes différentes, chacune avec ses propres cartes uniques et son style de jeu, tirées directement de l'univers "World of Warcraft".
- **Arène** : En plus du jeu standard, il existe un mode "Arène" où les joueurs construisent un deck à partir d'une sélection aléatoire de cartes.
- **Méta** : La "méta" de "Hearthstone", ou la popularité et l'efficacité de certaines cartes et decks, change constamment, obligeant les joueurs à s'adapter et à innover.

- **Crossovers** : Plusieurs personnages de "Hearthstone" ont fait leur chemin vers d'autres jeux Blizzard, comme "Heroes of the Storm".

Hollow Knight (2017, PC)

- **Indépendant** : "Hollow Knight" est un jeu développé par Team Cherry, un petit studio indépendant australien, avec seulement trois membres principaux.
- **Kickstarter** : Le jeu a été financé grâce à une campagne Kickstarter réussie qui a recueilli plus de quatre fois son objectif initial.
- **Atmosphère** : Il est réputé pour sa sombre atmosphère, ses décors détaillés et sa bande sonore mélodieuse, qui crée une expérience immersive.
- **Métroidvania** : "Hollow Knight" s'inscrit dans le genre "Métroidvania", ce qui signifie qu'il combine des éléments de jeux comme "Metroid" et "Castlevania", avec des cartes expansives interconnectées.
- **Défis** : Bien que visuellement charmant, le jeu est connu pour ses combats difficiles et ses boss impitoyables.
- **Extensions** : Team Cherry a sorti plusieurs extensions gratuites après la sortie initiale du jeu, ajoutant de nouvelles zones, ennemis et lore.
- **Lore** : L'histoire de "Hollow Knight" est profonde et mystérieuse, et elle est racontée à travers des interactions subtiles, des inscriptions et des scènes d'arrière-plan plutôt que des cinématiques directes.

- **Personnages** : Le monde de "Hollow Knight" est peuplé de plus de 150 personnages uniques, chacun avec sa propre personnalité et histoire.
- **Awards** : "Hollow Knight" a remporté de nombreux prix et a été nominé dans plusieurs catégories depuis sa sortie, notamment pour son design artistique et son gameplay.
- **Silksong** : Suite à la popularité de "Hollow Knight", Team Cherry a annoncé une suite intitulée "Hollow Knight: Silksong", suscitant une grande anticipation dans la communauté des joueurs.

Kingdom Hearts II (2005, PlayStation 2)

- **Fusion** : "Kingdom Hearts II" est le résultat unique de la collaboration entre Disney Interactive et Square Enix, mêlant ainsi des personnages de Disney avec ceux de la série "Final Fantasy".
- **Suite** : Il s'agit de la suite directe du premier "Kingdom Hearts", et poursuit l'histoire de Sora, Donald et Dingo dans leur quête pour retrouver leurs amis.
- **Keyblade** : Dans ce jeu, Sora peut maîtriser différentes formes grâce à la Keyblade, offrant divers styles de combat.
- **Mondes** : Le jeu présente une variété de mondes basés sur des films Disney tels que "Mulan", "La Petite Sirène", "Le Roi Lion" et bien d'autres.

- **Voix** : Plusieurs des personnages Disney du jeu ont été doublés par leurs acteurs originaux, offrant une expérience authentique.
- **Nobodies** : Ce volet introduit un nouvel antagoniste: les "Nobodies", qui sont des coquilles vides laissées quand un cœur est volé.
- **Musique** : La bande-son, composée par Yoko Shimomura, est acclamée pour sa beauté et son émotion, avec des pistes mémorables comme "Sanctuary" et "Dearly Beloved".
- **Compagnons** : Au-delà des principaux compagnons Donald et Dingo, le joueur peut recruter des personnages temporaires dans différents mondes, comme Mulan ou Jack Sparrow.
- **Réception** : À sa sortie, "Kingdom Hearts II" a été largement acclamé par la critique, louant son gameplay amélioré, sa narration profonde et ses graphismes impressionnants.
- **Versions** : En raison de son succès, le jeu a été réédité dans des compilations HD sur des consoles plus récentes, avec des graphismes améliorés et du contenu supplémentaire.

League of Legends (2009, MS Windows)

- **Inspiration** : "League of Legends" (LoL) s'inspire d'une carte personnalisée de "Warcraft III" appelée "Defense of the Ancients".

- **Gratuité** : Malgré son modèle gratuit ("free-to-play"), LoL génère d'énormes revenus grâce aux microtransactions, permettant aux joueurs d'acheter des skins ou des champions.

- **Champions** : Le jeu a débuté avec seulement 40 champions. Depuis, ce nombre a augmenté de façon exponentielle, avec plus de 150 champions disponibles en 2021.

- **Esports** : LoL est l'un des pionniers du monde de l'eSport, avec des tournois mondiaux annuels, et certains joueurs professionnels gagnant des millions.

- **Métamorphose** : Riot Games, le développeur de LoL, ajuste constamment le jeu, modifiant l'équilibre des champions, ajoutant du contenu et reformulant les anciens champions.

- **Skins** : Certains skins (apparences) de champions sont si rares qu'ils sont devenus des objets de collection, se vendant parfois à des prix exorbitants.

- **Serveurs** : Afin d'assurer une expérience optimale pour tous les joueurs, Riot a déployé plusieurs serveurs régionaux dans le monde, allant de l'Europe à l'Océanie.

- **Cinématiques** : Riot est également connu pour produire des cinématiques impressionnantes pour promouvoir ses événements, ses champions ou ses skins, souvent accompagnées de musiques originales.

- **Univers** : Au-delà du jeu lui-même, l'univers de LoL s'est étoffé avec des bandes dessinées, des romans et même des plans pour une série animée.

- **K/DA** : En 2018, Riot Games a lancé un groupe de musique virtuel appelé K/DA, composé de personnages du jeu. Leur premier single, "POP/STARS", est devenu un énorme succès mondial.

Legend of Zelda: Breath of the Wild (2017, Switch)

- **Innovation** : "Breath of the Wild" a révolutionné la série "Zelda" avec son monde ouvert, permettant aux joueurs d'explorer Hyrule comme jamais auparavant.
- **Physique** : Le jeu présente un moteur physique impressionnant, où tout, du feu qui se propage à la nourriture que vous cuisinez, obéit à des lois réalistes.
- **Climat** : Link, le protagoniste, doit s'adapter à différents climats, allant du chaud au froid. Oublier de s'habiller chaudement dans les zones glacées peut avoir des conséquences fatales!
- **Récompenses** : Le jeu a été largement acclamé et a reçu de nombreux prix, dont le titre de "Jeu de l'année" lors des Game Awards 2017.
- **Durabilité** : Une nouvelle mécanique introduite est la durabilité des armes, qui peuvent se briser après une utilisation prolongée, obligeant les joueurs à réfléchir stratégiquement.
- **Voix** : C'est l'un des rares jeux "Zelda" où les personnages principaux, y compris Zelda elle-même, sont entièrement doublés.
- **Easter Eggs** : Le jeu regorge de clins d'œil et de références aux précédents jeux "Zelda", faisant le bonheur des fans de longue date.

- **Korogu** : Ces petites créatures mignonnes sont cachées partout dans le jeu, avec 900 à trouver! Certains joueurs ont fait de leur quête une mission personnelle.
- **Mobilisables** : En utilisant les figurines Amiibo de Nintendo, les joueurs peuvent débloquer des équipements spéciaux et d'autres surprises dans le jeu.
- **Chef-d'œuvre** : De nombreux critiques et joueurs considèrent "Breath of the Wild" comme l'un des plus grands jeux vidéo de tous les temps, louant sa liberté d'exploration et sa profondeur.

Legend of Zelda: Ocarina of Time (1998, Nintendo 64)

- **Révolutionnaire** : "Ocarina of Time" a été l'un des premiers jeux d'action-aventure en 3D à offrir un monde ouvert et une caméra fluide, créant un précédent pour de nombreux jeux à venir.
- **Ocarina** : Le joueur doit apprendre à jouer des mélodies sur une ocarina (flûte) pour résoudre des énigmes, invoquer la pluie ou voyager dans le temps.
- **Temps** : L'une des mécaniques centrales du jeu est la capacité de Link à voyager entre deux périodes, son enfance et son âge adulte, chacune ayant ses propres défis.
- **Navi** : Qui peut oublier le compagnon de Link, Navi la fée, célèbre pour son fameux "Hey! Listen!" chaque fois qu'elle a quelque chose à dire.

- **Éloges** : À sa sortie, "Ocarina of Time" a été largement salué comme l'un des meilleurs jeux vidéo jamais créés, un titre qu'il détient encore pour beaucoup.
- **Masques** : Le jeu introduit une variété de masques que Link peut porter pour gagner des capacités spéciales ou simplement pour le plaisir.
- **Epona** : C'est dans ce jeu que Link reçoit pour la première fois sa monture fidèle, Epona, qu'il peut appeler avec une mélodie.
- **Villain** : Ganondorf fait sa première apparition en 3D dans "Ocarina of Time", établissant sa présence en tant que principal antagoniste de la série.
- **Speedrunning** : "Ocarina of Time" est populaire dans la communauté du speedrunning, avec des joueurs trouvant constamment de nouvelles techniques pour terminer le jeu le plus rapidement possible.
- **Rééditions** : En raison de sa popularité, le jeu a été réédité plusieurs fois pour différentes consoles, y compris une version remasterisée pour la Nintendo 3DS avec des graphismes améliorés.

Legend of Zelda: Twilight Princess (2006, GameCube)

- **Loup** : Dans ce jeu, Link peut se transformer en loup, un mécanisme central pour résoudre de nombreuses énigmes et combattre des ennemis.

- **Crépusculaire** : Le Royaume d'Hyrule est envahi par un royaume parallèle, le Royaume du Crépuscule, plongeant le monde dans une pénombre mystérieuse.
- **Midna** : Link est accompagné d'une créature énigmatique nommée Midna, qui joue un rôle crucial dans l'histoire et aide Link dans sa forme de loup.
- **Épique** : "Twilight Princess" est connu pour avoir une tonalité plus sombre et une histoire plus profonde que les autres jeux de la série.
- **Motion** : La version Wii du jeu a innové en utilisant la détection de mouvements pour tirer à l'arc, pêcher et manier l'épée.
- **Graphismes** : À l'époque de sa sortie, "Twilight Princess" était loué pour ses graphismes détaillés et son design artistique mature.
- **Batailles** : Le jeu propose des affrontements épiques avec des bosses gigantesques qui nécessitent stratégie et ruse pour être vaincus.
- **Rodeur** : Link peut utiliser les sens aiguisés de sa forme de loup pour suivre des senteurs spécifiques, révélant des chemins cachés ou des objets clés.
- **Zant** : L'antagoniste principal, Zant, est l'un des méchants les plus imprévisibles et étranges de la série Zelda.
- **Musique** : La bande-son mélodique et évocatrice de "Twilight Princess" a été largement saluée, avec des thèmes qui passent de l'épique à l'introspectif.

Mario Kart 8 Deluxe (2017, Nintendo Switch)

- **Améliorations** : "Mario Kart 8 Deluxe" est une version améliorée de "Mario Kart 8", sortie sur la Wii U, avec des graphismes optimisés et tous les DLC inclus.
- **Antigravité** : Pour la première fois dans la série, les courses peuvent se dérouler sur des surfaces antigravité, permettant aux karts de rouler sur les murs et les plafonds.
- **Personnages** : Le jeu propose le plus grand casting de personnages de la série, dont certains issus d'autres franchises Nintendo comme Link de Zelda ou les Inklings de Splatoon.
- **Double-objet** : Cette version réintroduit la possibilité de tenir deux objets à la fois, une caractéristique absente depuis "Mario Kart: Double Dash!!" sur GameCube.
- **Bataille** : Le mode Bataille a été entièrement repensé avec de nouvelles arènes et des règles, remédiant aux critiques adressées à la version Wii U.
- **200cc** : Un nouveau niveau de vitesse, le 200cc, a été ajouté, offrant un défi supplémentaire même pour les vétérans de Mario Kart.
- **Karts** : Les joueurs peuvent personnaliser leurs karts, motos et roues pour trouver la combinaison parfaite pour leur style de jeu.
- **Smart Steering** : Une fonctionnalité pour les débutants, le "Smart Steering", empêche les joueurs de sortir de la piste, rendant le jeu plus accessible.
- **Musique** : La bande-son est jouée par un orchestre live, donnant une ambiance dynamique et festive à chaque course.

- **Multiplateforme** : Mario Kart 8 Deluxe détient le record du jeu de course le plus vendu sur plusieurs plateformes, un témoignage de sa popularité et de son attrait intemporel.

Mass Effect 2 (2010, Xbox 360)

- **Suite** : Bien qu'étant le deuxième opus, "Mass Effect 2" est souvent considéré par les fans et les critiques comme le meilleur de la trilogie originale.
- **Importation** : Les joueurs pouvaient importer leur sauvegarde du premier "Mass Effect", influençant ainsi de nombreux aspects de l'histoire et des relations dans cette suite.
- **Mort** : Si les joueurs ne prennent pas les bonnes décisions tout au long du jeu, il est possible que certains membres de l'équipe, voire le protagoniste lui-même, meurent de façon permanente.
- **Recrutement** : Le jeu implique une vaste mission de "recrutement", où les joueurs doivent assembler une équipe diversifiée de personnages pour une mission suicide.
- **Améliorations** : Par rapport au premier opus, "Mass Effect 2" a apporté d'importantes améliorations au combat et aux mécaniques de tir.
- **Récompenses** : À sa sortie, "Mass Effect 2" a remporté de nombreux prix, dont le très convoité BAFTA du meilleur jeu.

- **Romance** : Les possibilités de romance s'étendent bien au-delà du premier jeu, offrant des intrigues amoureuses diverses et variées, parfois même interespèces.
- **Éthique** : Le système Paragon/Renegade permet aux joueurs de prendre des décisions morales, influençant profondément le cours de l'histoire.
- **DLCs** : Plusieurs contenus téléchargeables (DLC) ont été lancés pour le jeu, enrichissant l'histoire et ajoutant de nouveaux personnages et missions.
- **Musique** : La bande-son épique, composée par Jack Wall et Sam Hulick, a été saluée pour son immersion et sa capacité à renforcer l'ambiance narrative du jeu.

Metal Gear Solid (1998, PlayStation)

- **Innovation** : "Metal Gear Solid" est souvent cité comme l'un des premiers jeux à intégrer avec succès des éléments cinématographiques avec des mécaniques de jeu vidéo.
- **Camouflage** : Bien avant que l'infiltration ne devienne une mécanique standard dans les jeux, ce titre a mis l'accent sur la furtivité et l'évitement des ennemis plutôt que sur le combat direct.
- **Psycho Mantis** : Dans une séquence mémorable, le boss Psycho Mantis "lit l'esprit" du joueur en citant des jeux auxquels il a joué, grâce à la lecture des données de sauvegarde sur la carte mémoire.

- **Codecs** : Les conversations Codec, réalisées via une interface radio, étaient un moyen innovant de raconter l'histoire sans cinématiques traditionnelles.
- **Histoire** : L'intrigue aborde des sujets profonds tels que la guerre nucléaire, le génie génétique et la nature des soldats.
- **Solid Snake** : Le protagoniste, Solid Snake, est devenu l'un des personnages les plus emblématiques de l'histoire des jeux vidéo.
- **Hommages** : Le créateur Hideo Kojima s'est inspiré de nombreux films pour le jeu, notamment "Escape from New York", dont le personnage principal, Snake Plissken, a inspiré Solid Snake.
- **Boîte en carton** : Le jeu est célèbre pour sa boîte en carton, utilisée par Snake pour se cacher des ennemis, devenant un élément emblématique de la série.
- **Doublage** : La qualité du doublage en anglais a été particulièrement saluée, avec David Hayter prêtant sa voix distinctive à Solid Snake.
- **Succès** : "Metal Gear Solid" a connu un tel succès qu'il a été réédité et remastérisé à plusieurs reprises sur différentes plateformes.

Metal Gear Solid 2: Sons of Liberty (2001, PlayStation 2)

- **Controverse** : Après avoir été présenté comme le protagoniste principal dans les bandes-annonces, Solid

Snake cède rapidement la place à un nouveau personnage, Raiden, ce qui a surpris et divisé les fans.

- **Postmodernisme** : "MGS2" est souvent décrit comme un jeu postmoderne, abordant des thèmes de manipulation, de vérité, et de réalité virtuelle.
- **Graphismes** : À sa sortie, le jeu a été acclamé pour ses graphismes impressionnants, utilisant pleinement les capacités de la PS2 pour produire des effets tels que des reflets réalistes.
- **Environnement** : La majorité du jeu se déroule sur la Big Shell, une installation maritime, permettant des séquences mémorables, notamment sous l'eau.
- **Manipulation** : Le jeu a largement abordé le thème de la manipulation des informations à l'ère numérique, un sujet particulièrement pertinent à notre époque.
- **Séquences** : Une séquence finale particulièrement trippante et psychédélique a laissé de nombreux joueurs perplexes, remettant en question la réalité même du jeu.
- **Défis** : Le mode "Dog Tags", où les joueurs pouvaient collecter des plaques d'identification de presque tous les ennemis, a ajouté une nouvelle dimension de défi.
- **Codec** : Tout comme son prédécesseur, "MGS2" utilise des conversations Codec pour raconter son histoire, mais avec des graphismes améliorés et plus de dialogues.
- **Ray** : L'introduction du Metal Gear RAY, une machine de guerre bipède conçue pour chasser les autres Metal Gears, a ajouté un nouveau tournant à l'intrigue de la série.

- **Prémonition** : De manière étrangement prophétique, le jeu a abordé le concept de filtrage de l'information et la création de "bulles d'écho", des années avant que ces termes ne deviennent couramment utilisés dans le discours sur les médias sociaux.

Metroid Prime (2002, GameCube)

- **Perspective** : "Metroid Prime" a marqué le passage de la série Metroid de la 2D à la 3D avec une perspective à la première personne, une transition risquée mais réussie.
- **Scan** : Le scanner, une nouveauté dans le jeu, permet aux joueurs de collecter des informations sur les ennemis, l'environnement et l'intrigue, enrichissant l'expérience globale.
- **Écologie** : Chaque zone de la planète Tallon IV a sa propre écologie, avec une faune et une flore uniques, rendant l'exploration immersive.
- **Isolation** : Fidèle à la série, le jeu évoque un sentiment d'isolation, avec Samus Aran explorant seule une planète alien.
- **Critiques** : À sa sortie, "Metroid Prime" a été acclamé pour ses graphismes, son gameplay et sa fidélité à l'esprit de la série originale.
- **Musique** : La bande-son, composée par Kenji Yamamoto, a été largement saluée pour avoir renforcé l'atmosphère mystérieuse du jeu.

- **Phazon** : Le Phazon, une substance radioactive, joue un rôle central dans l'histoire, influençant à la fois le gameplay et l'intrigue.
- **Hologramme** : Les portes holographiques, qui nécessitent différents types de rayons pour être ouvertes, ont ajouté une couche stratégique à l'exploration.
- **Morphball** : Bien que le jeu soit en 3D, la capacité de Samus à se transformer en boule (Morphball) a été conservée et adaptée, offrant des énigmes uniques.
- **Séquelles** : Grâce au succès de "Metroid Prime", deux autres jeux ont été produits pour compléter la trilogie, renforçant son statut de titre emblématique sur GameCube.

Minecraft (2011, MS Windows)

- **Sandbox** : "Minecraft" est l'un des jeux de type "sandbox" (bac à sable) les plus emblématiques, offrant aux joueurs une liberté presque totale de création.
- **Ventes** : Avec plus de 200 millions d'exemplaires vendus, il est l'un des jeux les plus vendus de tous les temps.
- **Indépendant** : Avant son rachat par Microsoft, "Minecraft" a été développé par Mojang, un petit studio indépendant dirigé par Markus "Notch" Persson.
- **Redstone** : La redstone dans "Minecraft" permet aux joueurs de créer des circuits complexes, certains allant jusqu'à construire des ordinateurs fonctionnels.

- **Mises à jour** : Le jeu bénéficie régulièrement de mises à jour, ajoutant du contenu et des fonctionnalités, ce qui le maintient frais et engageant.
- **Éducation** : Une version éducative, "Minecraft: Education Edition", est utilisée dans les écoles du monde entier pour enseigner des concepts allant de la géographie à la programmation.
- **Biomes** : "Minecraft" propose une grande variété de biomes, de la jungle dense aux toundras glacées, chaque biome offrant ses propres ressources.
- **Communauté** : Sa communauté mondiale organise des événements, crée des mods et partage des constructions incroyables, faisant de "Minecraft" bien plus qu'un simple jeu.
- **Survie** : En mode survie, les joueurs doivent se protéger des créatures hostiles et gérer leur faim, ajoutant un élément de défi.
- **Ennemis** : Parmi les ennemis les plus emblématiques se trouve le "Creeper", une créature verte qui explose à proximité du joueur.

Monster Hunter: World (2018, PlayStation 4)

- **Écosystème** : "Monster Hunter: World" propose un monde vivant et dynamique où les créatures ont leurs propres routines et interagissent les unes avec les autres.

- **Coopération** : Les joueurs peuvent s'unir pour chasser en équipe, rendant les combats plus stratégiques et les victoires encore plus gratifiantes.
- **Personnalisation** : Il offre une personnalisation approfondie des avatars et des Palico (compagnons félins), permettant aux joueurs de se démarquer.
- **Succès** : "Monster Hunter: World" est le jeu le plus vendu de son éditeur, Capcom, avec plus de 16 millions d'exemplaires écoulés.
- **Monstres** : Le jeu propose une variété de monstres à chasser, chacun nécessitant une stratégie différente pour être vaincu.
- **Mise à jour** : Capcom a continué à soutenir le jeu avec des mises à jour gratuites, ajoutant de nouveaux monstres, armes et armures.
- **Événements** : Des événements saisonniers sont régulièrement organisés, donnant aux joueurs des défis uniques et des récompenses exclusives.
- **Armes** : Avec 14 types d'armes différentes, les joueurs peuvent choisir leur style de combat préféré, allant de l'arc agile à la grande épée lourde.
- **Écologie** : Les joueurs peuvent collecter des traces et étudier les monstres, renforçant l'idée d'être un chasseur dans un véritable écosystème.
- **Crossover** : Il y a eu plusieurs événements "crossover" où des personnages ou éléments d'autres jeux ont été introduits, comme Geralt de "The Witcher" ou des éléments de "Final Fantasy".

Mortal Kombat II (1993, Arcade)

- **Violence** : Suite à la controverse autour de la violence dans le premier "Mortal Kombat", cette suite a encore augmenté le niveau de gore, introduisant plus de Fatalities et même des Friendships humoristiques.
- **Censure** : Sa violence a conduit à des débats nationaux aux États-Unis, jouant un rôle clé dans la création de l'ESRB (Entertainment Software Rating Board), l'organisme de classification des jeux vidéo.
- **Personnages** : "Mortal Kombat II" a introduit des personnages emblématiques tels que Mileena, Jax et Baraka.
- **Secrets** : Il est célèbre pour ses nombreux secrets et personnages cachés, comme Jade, Smoke et Noob Saibot.
- **Lieux** : L'arène "The Dead Pool" permet aux joueurs d'exécuter une Fatality unique en jetant leur adversaire dans une piscine acide.
- **Humour** : En plus des Fatalities, les développeurs ont introduit des "Babalities" et des "Friendships" pour ajouter une touche d'humour au jeu.
- **Compétition** : "Mortal Kombat II" a été l'un des premiers jeux à établir une scène compétitive majeure autour des jeux de combat.
- **Références** : Le nom "Noob Saibot" est en fait un anagramme des noms des créateurs du jeu, Boon et Tobias.

- **Publicité** : Les teasers pour le jeu étaient mystérieux, avec des affiches portant simplement le message "Koming Soon".
- **Succès** : Malgré (ou peut-être à cause de) la controverse, "Mortal Kombat II" a été un succès massif, établissant la série comme un pilier des jeux de combat.

Need for Speed: Most Wanted (2005, PlayStation 2)

- **Liste noire** : Le jeu introduit un système de "Blacklist" où le joueur doit battre 15 pilotes rivaux pour affronter le pilote n° 1 et récupérer sa voiture.
- **Police** : La mécanique des poursuites avec la police est l'une des plus intenses et mémorables de la série, avec différents niveaux d'agressivité policière.
- **Personnalisation** : Les joueurs peuvent modifier leurs véhicules de manière approfondie, tant en termes d'apparence que de performances.
- **Fairhaven** : Bien que ce soit un autre jeu, "Need for Speed: Most Wanted" de 2012 a repris le titre et s'est déroulé dans la ville de Fairhaven, une référence à l'original.
- **Scénario** : Contrairement à de nombreux jeux de course, "Most Wanted" proposait une histoire cinématographique avec des acteurs réels dans les cinématiques.

- **Voitures** : Le jeu comprenait une grande variété de voitures, des berlines modestes aux supercars comme la Lamborghini Murciélago.
- **Cachettes** : Pour échapper à la police, les joueurs pouvaient utiliser des "Points de dissimulation" pour semer rapidement les forces de l'ordre.
- **Météo** : La météo dynamique dans le jeu affectait la conduite, rendant les courses sous la pluie plus glissantes et difficiles.
- **Soundtrack** : La bande-son du jeu comprenait des morceaux populaires de l'époque, comme "Decadence" de Disturbed et "Nine Thou" de Styles of Beyond.
- **Défis** : Outre les courses principales, le jeu proposait des défis parallèles tels que les "Sprint", "Drag" et "Tollbooth Time Trials" pour tester les compétences des joueurs.

Okami (2006, PlayStation 2)

- **Peinture** : Le jeu utilise un pinceau céleste unique comme mécanique centrale, permettant aux joueurs de dessiner sur l'écran pour résoudre des énigmes et combattre des ennemis.
- **Esthétique** : Le style graphique s'inspire du sumi-e, une technique de peinture à l'encre traditionnelle japonaise, rendant chaque scène du jeu comme une toile vivante.
- **Légende** : L'histoire d'Okami est basée sur la mythologie et les légendes japonaises, avec des personnages et des lieux tirés du folklore.

- **Protagoniste** : Vous jouez en tant qu'Amaterasu, la déesse du soleil sous forme de loup blanc, qui est en mission pour vaincre les ténèbres et restaurer la beauté du monde.
- **Accolades** : Malgré de faibles ventes initiales, "Okami" a reçu plusieurs prix pour son design artistique et sa musique.
- **Rééditions** : En raison de sa popularité croissante, le jeu a été réédité pour plusieurs consoles, dont la Wii, la PS3, la PS4 et même le PC.
- **Sequel** : Un jeu DS appelé "Okamiden" a été lancé en 2010, centré sur les aventures de Chibiterasu, le descendant d'Amaterasu.
- **Durée** : "Okami" est un jeu long et dense, avec plus de 30 heures de jeu pour ceux qui cherchent à explorer et compléter chaque aspect.
- **Musique** : La bande-son, composée par Hiroshi Yamaguchi, Masami Ueda, Hiroshi Shibazono et Akari Groves, est une combinaison mélodieuse de musiques traditionnelles japonaises et d'orchestrations modernes.
- **Références** : Dans le jeu, vous rencontrerez des personnages et des histoires qui font référence à des contes populaires japonais, comme l'histoire d'Urashima Taro.

Overwatch (2016, MS Windows)

- **Héros** : Le jeu présente une liste diversifiée de plus de 30 héros, chacun ayant ses propres compétences et capacités uniques.
- **Origines** : À l'origine, Overwatch était un remaniement d'un projet de jeu de rôle massivement multijoueur appelé "Project Titan" que Blizzard avait annulé.
- **E-sport** : Overwatch a rapidement gagné en popularité en tant qu'e-sport, avec la création de la "Overwatch League" ayant des équipes basées dans des villes du monde entier.
- **Métamorphose** : Blizzard publie régulièrement des mises à jour pour équilibrer les héros, répondant ainsi aux commentaires de la communauté pour garder le jeu compétitif.
- **Anecdotes** : Un des héros, D.Va, est présenté comme une ancienne joueuse professionnelle de StarCraft, un autre titre populaire de Blizzard.
- **Cinématiques** : Blizzard est connu pour ses incroyables cinématiques et Overwatch ne fait pas exception, avec des courts métrages dédiés à l'histoire de certains héros.
- **Récompenses** : Overwatch a remporté le titre de "Jeu de l'année" lors des Game Awards 2016, parmi de nombreux autres prix.
- **Lore** : Malgré le fait qu'Overwatch soit un jeu de tir à la première personne, il possède un univers riche avec des histoires de fond pour chaque héros et des événements mondiaux.
- **Événements** : Blizzard organise régulièrement des événements saisonniers dans le jeu, offrant de nouveaux skins pour les héros et des modes de jeu temporaires.

- **Symboles** : La reconnaissance du jeu est telle que certains de ses héros, comme Tracer, sont devenus des icônes de la culture populaire.

Pac-Man (1980, Arcade)

- **Icône** : Pac-Man est l'un des personnages de jeux vidéo les plus reconnaissables de tous les temps, symbolisant souvent le jeu vidéo classique.
- **Origine** : Le nom original du jeu au Japon était "Puck-Man", mais il a été changé pour "Pac-Man" pour le marché américain de peur que "Puck" soit vandalisé en un mot inapproprié.
- **Fantômes** : Les quatre fantômes dans le jeu ont des noms et des personnalités distinctes : Blinky, Pinky, Inky, et Clyde.
- **Bug** : Si un joueur atteint le 256e niveau de Pac-Man, le jeu présente un bug qui divise l'écran en deux, rendant la moitié droite du niveau injouable.
- **Culture** : Pac-Man a eu une influence massive sur la culture pop, inspirant des chansons, des émissions de télévision et une variété de marchandises.
- **Mme Pac-Man** : En raison de son énorme succès, une suite non officielle appelée "Mme Pac-Man" a été développée, qui est devenue elle-même extrêmement populaire.
- **Évolution** : Bien que son gameplay soit simple, Pac-Man a été l'initiateur de nombreux autres jeux de

labyrinthe qui ont tenté d'imiter et d'adapter sa formule réussie.

- **Stratégie** : Bien que le jeu semble aléatoire, il est possible de mémoriser des chemins pour éviter les fantômes et maximiser les points.
- **Cameos** : Pac-Man a fait des apparitions dans de nombreux autres jeux vidéo au fil des ans, y compris des titres populaires comme "Super Smash Bros."
- **Célébration** : Le 30e anniversaire de Pac-Man a été célébré avec un doodle interactif sur la page d'accueil de Google, permettant aux utilisateurs de jouer au jeu.

Persona 5 (2016, PlayStation 3)

- **Thématique** : Contrairement à de nombreux RPG, Persona 5 plonge profondément dans des sujets sociaux tels que la dépression, la corruption et la manipulation, offrant une expérience narrative mature.
- **Durée** : Avec plus de 100 heures de jeu pour une première partie, Persona 5 est l'un des jeux de rôle les plus longs disponibles.
- **Masques** : Chaque personnage principal possède un "Persona", qui est représenté par un masque unique, symbolisant leur vrai soi.
- **Voleurs** : Les protagonistes se font appeler les "Voleurs Fantômes", se faufilant dans des "Palais" pour voler les désirs tordus des individus corrompus.
- **Japon** : Le jeu se déroule à Tokyo et offre une reconstitution détaillée de plusieurs quartiers réels,

donnant aux joueurs un aperçu de la vie urbaine japonaise.

- **Musique** : La bande sonore jazzy du jeu, composée par Shoji Meguro, est largement acclamée et contribue à l'ambiance unique du jeu.
- **Style** : Tout, des menus aux animations, est réalisé avec un style graphique audacieux et distinctif, rendant le jeu instantanément reconnaissable.
- **Double vie** : Pendant la journée, les joueurs vivent la vie d'un lycéen ordinaire, mais la nuit, ils explorent les Palais et combattent des créatures mythiques.
- **Références** : Les Personas du jeu sont inspirés de figures mythologiques et historiques de diverses cultures à travers le monde.
- **Critique** : Persona 5 a non seulement été acclamé pour ses mécaniques de jeu, mais aussi pour la manière dont il traite des problèmes sociaux, ce qui en fait un titre mémorable et influent.

Pikmin 2 (2004, GameCube)

- **Suite** : Pikmin 2 est la suite directe du jeu original "Pikmin", continuant l'histoire du capitaine Olimar et de ses petits compagnons floraux.
- **Durée** : Contrairement à son prédécesseur, Pikmin 2 ne possède pas de limite de temps, permettant aux joueurs d'explorer à leur propre rythme.

- **Duo** : Pour la première fois, le jeu introduit Louie, un second personnage jouable, qui accompagne Olimar dans ses aventures.
- **Pikmins** : Deux nouvelles espèces de Pikmin sont introduites dans le jeu : les Pikmins violets, qui sont robustes, et les Pikmins blancs, qui sont résistants au poison.
- **Caves** : Une nouvelle mécanique de jeu consiste à explorer des caves souterraines, où le temps s'arrête et où se cachent de nombreux trésors.
- **Trésors** : L'objectif principal du jeu est de collecter des "trésors", qui sont souvent des objets du quotidien pour nous, mais des découvertes précieuses pour Olimar et son entreprise.
- **Multijoueur** : Pikmin 2 a introduit un mode multijoueur, permettant à deux joueurs de s'affronter dans des batailles stratégiques.
- **Humour** : Le jeu contient de nombreux clins d'œil et références humoristiques à la culture populaire et à d'autres jeux Nintendo.
- **Bulborbes** : Ces ennemis emblématiques reviennent, avec de nouvelles variantes qui posent de nouveaux défis aux joueurs.
- **Musique** : La bande-son, composée par Hajime Wakai, est mélodieuse et reflète parfaitement l'ambiance sereine et exploratoire du jeu.

Plants vs. Zombies (2009, MS Windows)

- **Concept** : Bien que le jeu oppose des plantes à des zombies, l'idée originale était d'avoir des extraterrestres à la place des zombies.
- **Inspiration** : George Fan, le créateur du jeu, s'est inspiré de jeux comme "Magic: The Gathering" pour créer la mécanique de différentes plantes ayant différentes capacités.
- **Récompenses** : À sa sortie, Plants vs. Zombies a remporté de nombreux prix pour son gameplay innovant et son design accrocheur.
- **Musique** : La chanson "Zombies On Your Lawn", composée pour le jeu, est devenue incroyablement populaire et a même bénéficié de son propre clip animé.
- **Humour** : Le jeu est célèbre pour son humour décalé, avec des zombies tenant des pancartes comme "Zombies râlent" ou des plantes au design extravagant.
- **Évolution** : Au départ, le jeu devait être un titre de voyage dans le temps, avec des plantes et des zombies de différentes époques.
- **Cerveau** : L'obsession des zombies pour les cerveaux a été une source d'inspiration pour de nombreux éléments humoristiques du jeu.
- **Extensions** : Après le succès du jeu original, il a été adapté et étendu à de nombreuses plateformes, allant des consoles de jeux aux smartphones.
- **Séquelles** : Vu son succès, Plants vs. Zombies a engendré des suites, dont "Plants vs. Zombies 2: It's About Time" et "Plants vs. Zombies: Garden Warfare".

- **Easter Eggs** : Le jeu contient de nombreux secrets et clins d'œil cachés, comme le Yeti Zombie, qui n'apparaît que rarement.

PlayerUnknown's Battlegrounds (2017, MS Windows)

- **Origine** : Le nom du jeu, "PlayerUnknown", vient du pseudonyme de son créateur principal, Brendan Greene.
- **Inspiration** : Greene s'est inspiré du film japonais "Battle Royale" de 2000 pour créer un jeu centré sur un combat à mort entre joueurs sur une île déserte.
- **Records** : À son apogée, PUBG a battu le record du plus grand nombre de joueurs simultanés sur Steam, avec plus de 3,2 millions de joueurs en ligne en même temps.
- **Ventes** : En l'espace de trois jours après sa sortie en accès anticipé, le jeu avait déjà vendu un million d'exemplaires.
- **Panthéon** : PUBG est considéré comme l'un des pionniers du genre "battle royale", ayant contribué à populariser ce type de jeu à travers le monde.
- **Mise à jour** : Le jeu a commencé avec une seule carte, Erangel, mais a depuis ajouté plusieurs nouvelles cartes, chacune offrant une expérience de jeu différente.
- **Véhicules** : De la UAZ soviétique à la moto tout-terrain, PUBG a intégré des véhicules authentiques pour traverser ses vastes terrains.
- **Fritures** : Les poêles présentes dans le jeu, initialement destinées à être de simples objets de décoration,

peuvent être utilisées comme bouclier pour bloquer les balles.

- **Esports** : PUBG a rapidement gagné en popularité dans le monde de l'e-sport, avec des tournois organisés à travers le monde et des prix allant jusqu'à des millions de dollars.
- **Collaborations** : Le jeu a collaboré avec d'autres titres populaires et des célébrités, dont une collaboration notable avec le célèbre groupe de K-pop, BLACKPINK.

Pokémon Red and Blue (1998, Game Boy)

- **Début** : "Pokémon" est l'abréviation de "Pocket Monsters" en japonais.
- **Échange** : La capacité d'échanger des Pokémon entre les versions Rouge et Bleue a été un facteur clé pour encourager les interactions sociales entre les joueurs.
- **Mascottes** : Alors que la version Rouge avait comme mascotte Salamèche et la version Bleue avait Bulbizarre au Japon, la version occidentale Bleue avait Dracaufeu comme mascotte, pour correspondre à la version Rouge du Japon.
- **Secret** : Mew, le Pokémon 151, était initialement un secret du jeu, mais a été rendu public lors d'un événement promotionnel au Japon.
- **Bogue** : Le célèbre "MissingNo." est un Pokémon bogue qui est devenu un élément culte parmi les joueurs.
- **Inspirations** : Satoshi Tajiri, le créateur de Pokémon, s'est inspiré de son amour pour la collecte d'insectes

pendant son enfance pour concevoir le concept de "capture de Pokémon".

- **Censure** : Dans les versions occidentales, certains éléments du jeu ont été modifiés ou supprimés pour des raisons culturelles, comme la suppression des casinos et des machines à sous.
- **Version Jaune** : Devant le succès du dessin animé Pokémon, une version Jaune du jeu a été créée, où le joueur commence avec Pikachu comme Pokémon de départ.
- **Évolution** : Le jeu a introduit le concept d'évolution, où un Pokémon se transforme en une version plus puissante de lui-même, souvent en gagnant des niveaux ou grâce à des objets spécifiques.
- **Phénomène** : La sortie de Pokémon Rouge et Bleu a déclenché le phénomène mondial "Pokémania", qui se poursuit encore aujourd'hui avec des jeux, des films, des dessins animés, des jouets et bien d'autres produits dérivés.

Portal 2 (2011, MS Windows)

- **Suite** : "Portal 2" est la suite du jeu innovant "Portal", développé par Valve.
- **Narration** : GLaDOS, l'antagoniste sarcastique et mémorable de la série, revient dans "Portal 2" avec encore plus de piquant et d'humour.
- **Gel** : Nouveauté de "Portal 2", les gels offrent de nouvelles mécaniques de jeu, permettant aux joueurs de

rebondir, d'accélérer ou de placer des portails sur des surfaces auparavant inaccessibles.

- **Multijoueur** : Contrairement à son prédécesseur, "Portal 2" propose un mode coopératif où deux joueurs peuvent résoudre des énigmes ensemble en utilisant quatre portails au lieu de deux.
- **Récompenses** : Le jeu a été acclamé par la critique, remportant de nombreux prix pour son design, son écriture et sa musique.
- **Musique** : La chanson "Want You Gone" jouée lors des crédits a été écrite par Jonathan Coulton, tout comme "Still Alive" du premier jeu.
- **Easter Eggs** : Le jeu contient de nombreux "easter eggs" et clins d'œil, dont des salles cachées où l'on peut entendre les "Ratman Dens".
- **Acteur** : Stephen Merchant donne sa voix au personnage Wheatley, apportant une touche d'humour britannique au jeu.
- **Modding** : Valve a soutenu la communauté modding en lançant l'outil "Perpetual Testing Initiative", permettant aux joueurs de créer et de partager leurs propres chambres de test.
- **Science** : En collaboration avec le professeur de physique Neil Turok, Valve a également sorti "Portal 2: Peer Review" qui enseigne les concepts de physique aux élèves de manière ludique.

Quake (1996, MS-DOS)

- **Révolution** : "Quake" est considéré comme l'un des pionniers du genre FPS (First-Person Shooter), posant les bases pour de nombreux jeux à venir.
- **Technologie** : C'était l'un des premiers jeux à utiliser un rendu entièrement en 3D temps réel, grâce à son moteur graphique innovant.
- **Moteur** : Le moteur de "Quake", le Quake engine, a été largement utilisé pour d'autres titres majeurs et modifiés pour donner naissance à d'autres moteurs comme le Source de Valve.
- **Multijoueur** : "Quake" a été un pionnier dans le domaine du multijoueur en ligne, donnant naissance à ce que nous appelons aujourd'hui les "arenas shooters".
- **Mods** : La communauté a joué un rôle majeur dans la popularité de "Quake", avec la création de nombreux mods, dont certains, comme "Team Fortress", sont devenus des jeux à part entière.
- **Compétition** : Il a joué un rôle fondamental dans l'émergence des jeux en tant que sport électronique (eSport).
- **Son** : La bande sonore atmosphérique du jeu a été composée par Trent Reznor, le frontman du groupe Nine Inch Nails.
- **Langage** : "QuakeC", le langage de programmation créé spécifiquement pour "Quake", a permis aux moddeurs de créer du contenu personnalisé pour le jeu.
- **Symbole** : L'icône du jeu, le "Quake logo", représentant une lettre Q stylisée avec une pointe de flèche, est devenue emblématique et largement reconnue dans l'industrie du jeu.

- **Suites** : En raison de son succès, "Quake" a donné naissance à plusieurs suites et spin-offs, consolidant son statut de série culte dans le monde du jeu vidéo.

Red Dead Redemption 2 (2018, PlayStation 4)

- **Immersion** : Avec plus de 500 000 lignes de dialogues, chaque personnage non-joueur a quelque chose d'unique à dire, rendant le monde vivant et crédible.
- **Détails** : Les chevaux du jeu ont des testicules qui se contractent et se détendent en fonction de la température ambiante.
- **Carte** : Le monde de Red Dead Redemption 2 est l'une des plus vastes cartes jamais créées par Rockstar, contenant des montagnes enneigées, des marais denses, des villes en plein essor et des déserts arides.
- **Évolution** : Les animaux et les PNJ suivent des routines quotidiennes. Par exemple, un commerçant pourrait ouvrir son magasin le matin, fermer pour le déjeuner, puis le rouvrir jusqu'à la tombée de la nuit.
- **Histoire** : L'intrigue principale du jeu est accompagnée de plus de 1 200 acteurs, chacun apportant une profondeur unique à l'histoire.
- **Honneur** : Vos actions déterminent votre niveau d'honneur, ce qui peut influencer la manière dont les autres personnages interagissent avec vous.
- **Faune** : Le jeu présente plus de 200 espèces animales, chacune interagissant de manière réaliste avec son environnement.

- **Meteorologie** : Les systèmes météorologiques sont dynamiques. Un simple crachin peut se transformer en tempête foudroyante en quelques minutes.
- **Musique** : La bande sonore est constituée de plus de 100 morceaux originaux, composés spécifiquement pour le jeu, renforçant l'immersion dans le Far West.
- **Récompenses** : Red Dead Redemption 2 a remporté de multiples récompenses, y compris pour sa narration, ses graphismes et son monde ouvert, faisant de lui un chef-d'œuvre du jeu vidéo.

Resident Evil 2 (1998, PlayStation)

- **Zombies** : À la différence de nombreux jeux de l'époque, les zombies de Resident Evil 2 pouvaient ouvrir les portes, augmentant ainsi le niveau de tension pour les joueurs.
- **Rejouabilité** : Le jeu offrait deux scénarios principaux, un pour chacun des deux protagonistes, Leon S. Kennedy et Claire Redfield, avec des événements qui se chevauchaient et offraient des perspectives différentes sur l'histoire.
- **Racoon City** : Le décor urbain de Raccoon City contrastait fortement avec le manoir isolé du premier Resident Evil, offrant une expérience plus vaste et diversifiée.
- **Espace** : Le jeu a popularisé le système d'inventaire limité, obligeant les joueurs à faire des choix stratégiques sur les objets à garder ou à laisser derrière.

- **Bande-son** : La musique effrayante et l'ambiance sonore ont été spécialement conçues pour renforcer le sentiment de terreur et d'urgence tout au long du jeu.
- **Mr. X** : Ce terrifiant poursuivant, également connu sous le nom de Tyrant, chasse les joueurs à différents moments, les obligeant à réfléchir rapidement et à improviser des évasions.
- **Graphismes** : En utilisant une technique de rendu pré-calculé pour les arrière-plans, les créateurs ont pu réaliser des environnements détaillés et atmosphériques qui étaient avant-gardistes pour l'époque.
- **Inspiration** : Le directeur du jeu, Shinji Mikami, s'est inspiré de films d'horreur classiques, notamment "Night of the Living Dead", pour créer une ambiance glaçante.
- **Remake** : En raison de sa popularité et de son influence, Resident Evil 2 a bénéficié d'un remake complet en 2019, avec des graphismes modernes et des mécanismes de jeu mis à jour.
- **Succès** : Resident Evil 2 est non seulement l'un des jeux les plus vendus de la PlayStation, mais il est également considéré par beaucoup comme l'un des meilleurs jeux d'horreur de tous les temps.

Resident Evil 4 (2005, GameCube)

- **Révolution** : Plutôt que de suivre le modèle des précédents jeux Resident Evil, RE4 a introduit une caméra à l'épaule et un style de tir plus axé sur l'action, changeant le genre du survival horror pour de nombreux jeux à venir.

- **Los Ganados** : Contrairement aux zombies traditionnels, les ennemis de RE4, appelés Los Ganados, sont en fait des villageois infectés par un parasite, les rendant plus rapides et plus intelligents.
- **Marchand** : Le mystérieux marchand est un personnage emblématique qui apparaît à plusieurs endroits pour vendre des armes et des améliorations au protagoniste Leon S. Kennedy.
- **Leon** : Après avoir été l'un des héros de Resident Evil 2, Leon S. Kennedy revient en tant qu'agent spécial du gouvernement des États-Unis, envoyé pour sauver la fille du président.
- **Changements** : Le jeu a été réinventé plusieurs fois pendant son développement, avec des versions initiales montrant des châteaux hantés et des armures animées.
- **Chain Saw Man** : Un des ennemis les plus mémorables et effrayants du jeu est un homme avec un sac sur la tête brandissant une tronçonneuse, capable de tuer Leon en un seul coup.
- **Adaptations** : En raison de son immense popularité, RE4 a été porté sur presque toutes les consoles majeures après sa sortie initiale sur GameCube.
- **Influence** : La refonte de RE4 a non seulement influencé les futurs jeux Resident Evil, mais aussi d'autres franchises de jeux majeures comme Dead Space et The Evil Within.

- **Critiques** : À sa sortie, RE4 a été acclamé par la critique, avec beaucoup le considérant comme l'un des meilleurs jeux vidéo de tous les temps.
- **QTE** : Le jeu a introduit de manière notable les "Quick Time Events" (QTE) où les joueurs doivent rapidement appuyer sur les boutons qui apparaissent à l'écran pour éviter la mort ou progresser dans certaines scènes.

Sekiro: Shadows Die Twice (2019, PlayStation 4)

- **Samouraï** : Contrairement à d'autres jeux de FromSoftware, Sekiro se déroule dans une reconstitution historique du Japon de la fin des années 1500, avec un accent particulier sur la mythologie japonaise.
- **Réincarnation** : Le titre "Shadows Die Twice" fait allusion à la capacité du protagoniste à revenir à la vie après la mort, introduisant un mécanisme unique de résurrection.
- **Prothèse** : Le bras gauche du héros est amputé au début du jeu, mais est rapidement remplacé par une prothèse versatile qui peut être modifiée avec divers outils et armes.
- **Défense** : Au lieu de s'appuyer lourdement sur une armure ou un bouclier, Sekiro met l'accent sur l'utilisation d'une parade précise pour contrer les attaques des ennemis.

- **Dragon** : La "Malédiction du Dragon" est un élément clé de l'histoire, affectant le protagoniste ainsi que le monde qui l'entoure.
- **FromSoftware** : Le studio à l'origine de Sekiro, FromSoftware, est également responsable de la création des célèbres séries Dark Souls et Bloodborne.
- **Difficulté** : Comme d'autres jeux de FromSoftware, Sekiro est réputé pour sa difficulté élevée, nécessitant patience et précision.
- **Récompenses** : Sekiro a remporté le titre de "Jeu de l'année" aux Game Awards 2019.
- **Maître** : Une grande partie de la motivation du protagoniste est de sauver son jeune maître, Kuro, le descendant d'une ancienne lignée.
- **Stealth** : En plus du combat, le jeu met également l'accent sur l'infiltration, permettant aux joueurs d'éviter ou de surprendre les ennemis en utilisant des techniques de furtivité.

Silent Hill 2 (2001, PlayStation 2)

- **Lettre** : L'intrigue du jeu commence avec le protagoniste, James Sunderland, recevant une lettre de sa défunte épouse, Maria, l'invitant à la retrouver à Silent Hill.
- **Pyramid Head** : L'antagoniste le plus emblématique du jeu, Pyramid Head, est devenu l'un des méchants les plus reconnaissables de l'histoire des jeux vidéo.

- **Symbolisme** : Chaque monstre et chaque environnement du jeu sont conçus pour refléter les peurs, les désirs et la culpabilité de James.
- **Brouillard** : Le célèbre brouillard de Silent Hill était en réalité une astuce technique pour contourner les limites de rendu de la PlayStation 2, mais il est devenu un élément emblématique de l'atmosphère du jeu.
- **Multiple Fin** : Le jeu possède plusieurs fins différentes, dépendant des actions et des choix du joueur tout au long du jeu.
- **Équipe** : Le "Team Silent", un groupe de développeurs au sein de Konami, est responsable de la création des quatre premiers jeux Silent Hill.
- **Radios** : Les radios grésillantes préviennent les joueurs de la proximité des créatures, créant une tension constante.
- **Maria/Mary** : Le jeu joue sur la dualité entre Maria et Mary, brouillant la ligne entre réalité, désir et culpabilité.
- **Lieu** : Contrairement au premier jeu, Silent Hill 2 n'est pas centré sur le culte de la ville, mais se concentre davantage sur les histoires personnelles et les tourments intérieurs.
- **Musique** : La bande-son du jeu, composée par Akira Yamaoka, est largement reconnue pour avoir grandement contribué à l'atmosphère opprimante et mélancolique du jeu.

SimCity 2000 (1993, Macintosh)

- **Évolution** : SimCity 2000 est la suite du premier SimCity et a introduit une perspective isométrique, contrairement à la vue du dessus de son prédécesseur.
- **Catastrophes** : Parmi les diverses catastrophes que le joueur peut déclencher, il y a une attaque d'OVNI et même un monstre ressemblant à un dinosaure.
- **Nouveautés** : Le jeu a ajouté de nombreuses nouvelles structures par rapport à son prédécesseur, y compris des écoles, des hôpitaux et des prisons.
- **Arcologies** : Ces méga-structures futuristes peuvent accueillir une énorme quantité d'habitants et, lorsqu'elles sont pleinement peuplées, elles décollent dans l'espace pour fonder une nouvelle civilisation.
- **Conseillers** : Pour la première fois, des conseillers ont été introduits pour aider le joueur à gérer sa ville avec des conseils et des avertissements.
- **Pipelines** : Les joueurs devaient désormais gérer l'acheminement de l'eau dans leur ville, ajoutant une nouvelle couche de complexité.
- **Journal** : Le "SimCity Times" est un journal qui informe le joueur des événements en cours dans la ville, offrant une nouvelle manière d'obtenir des feedbacks.
- **Sous-sols** : SimCity 2000 permettait aux joueurs de construire des niveaux souterrains pour les routes et les métros.
- **Centrales** : De nouvelles centrales électriques, y compris l'énergie solaire, hydroélectrique et fusion, ont été introduites.

- **Scénarios** : Le jeu proposait des scénarios basés sur des catastrophes réelles ou fictives, dans lesquels le joueur devait atteindre certains objectifs pour réussir.

Sonic the Hedgehog 2 (1992, Sega Genesis)

- **Introduction** : Ce jeu a marqué la première apparition de Tails, le renard à deux queues et fidèle compagnon de Sonic.
- **Spin Dash** : Sonic the Hedgehog 2 a introduit le "spin dash", permettant à Sonic de se mettre en boule et de prendre de l'élan sur place, une technique devenue emblématique de la série.
- **Popularité** : C'est le jeu le plus vendu sur Sega Genesis, avec plus de 6 millions d'exemplaires écoulés.
- **Zones** : Contrairement au premier opus, le jeu propose des "zones" composées de deux actes au lieu de trois.
- **Caché** : Dans la version bêta du jeu, il existait un niveau appelé "Hidden Palace Zone", qui a été supprimé de la version finale, mais est devenu célèbre parmi les fans.
- **Multijoueur** : Sonic 2 offrait un mode multijoueur en écran partagé, où le deuxième joueur pouvait contrôler Tails.
- **Super Sonic** : En collectant les sept émeraudes du chaos, Sonic peut se transformer en Super Sonic, une version dorée invincible de lui-même.
- **Anniversaire** : Le jeu a été lancé le 24 novembre 1992, une date surnommée "Sonic 2sday" (jeu de mots avec "Tuesday" - mardi en anglais).

- **Diversité** : Les niveaux du jeu offrent une grande variété, allant des casinos lumineux aux zones aquatiques, en passant par des bases aériennes.
- **Musique** : La bande-son de Sonic 2 est devenue iconique, notamment le thème de la "Chemical Plant Zone", qui est souvent cité parmi les meilleures musiques de jeux vidéo.

Spelunky (2008, MS Windows)

- **Procedural** : Chaque niveau de Spelunky est généré de manière procédurale, ce qui signifie qu'aucune partie n'est identique à une autre.
- **Origines** : À l'origine, Spelunky était un jeu gratuit pour PC avant d'être remasterisé et vendu sur différentes plateformes.
- **Inspirations** : Le jeu s'inspire des roguelikes, mais le transpose dans un environnement de plateforme 2D.
- **Mort** : La mort est permanente dans Spelunky, poussant les joueurs à être prudents et stratégiques dans chaque mouvement.
- **Easter Eggs** : Spelunky regorge de secrets et d'easter eggs, dont certains n'ont été découverts que des années après la sortie du jeu.
- **Damsel** : Dans le jeu, vous pouvez sauver une "damsel" (demoiselle en détresse), qui peut être un homme, une femme, ou même un chien, selon vos préférences.

- **Journaux** : Lorsque les joueurs rencontrent de nouveaux ennemis ou objets, ils sont ajoutés à un journal, offrant des détails et des astuces.
- **Boutiques** : Des boutiques apparaissent dans les niveaux, où les joueurs peuvent acheter (ou voler) des équipements. Mais attention, voler rendra le vendeur très agressif!
- **Fantôme** : Si un joueur prend trop de temps pour terminer un niveau, un fantôme mortel apparaît, poursuivant le joueur jusqu'à la sortie.
- **Héritage** : Spelunky est souvent crédité comme l'un des pionniers de la vague moderne des roguelikes, influençant de nombreux jeux qui ont suivi.

StarCraft (1998, MS Windows)

- **Balancement** : StarCraft est largement salué pour son équilibrage parfait entre ses trois races distinctes : les Terrans, les Zergs et les Protoss.
- **eSport** : Il est l'un des premiers jeux à avoir établi le concept d'eSport, en particulier en Corée du Sud, où il a atteint un niveau quasi national de compétition.
- **Nuit Blanche** : À sa sortie, le jeu était tellement populaire en Corée que des "lois de fermeture nocturne" ont été mises en place pour empêcher les jeunes de jouer toute la nuit dans les cybercafés.
- **Sequels** : Bien qu'il ait été suivi par StarCraft II en 2010, l'original est resté populaire, surtout dans le circuit compétitif.

- **Cheats** : Comme beaucoup de jeux Blizzard, StarCraft propose une série de codes de triche amusants, dont l'emblématique "show me the money".
- **Doublage** : Les voix des unités sont devenues emblématiques. Qui pourrait oublier le "You must construct additional pylons" des Protoss?
- **Récits** : Le scénario du jeu est profond et engageant, avec des retournements de situation et des trahisons qui ont captivé les joueurs.
- **Patch** : En 2017, près de 20 ans après sa sortie initiale, Blizzard a sorti un patch pour StarCraft, démontrant son engagement continu envers la communauté.
- **Gratuit** : En 2017 également, StarCraft est devenu gratuit pour tous les joueurs, ouvrant ses portes à une toute nouvelle génération.
- **Brood War** : L'extension, StarCraft: Brood War, est si bien conçue qu'elle est souvent considérée comme faisant intégralement partie du jeu original et non comme une simple addition.

Street Fighter II (1991, Arcade)

- **Révolution** : Street Fighter II est souvent crédité comme le jeu qui a défini le genre du jeu de combat en 2D.
- **Personnages** : Chacun des huit personnages originaux vient d'un pays différent, reflétant une approche véritablement internationale du casting.
- **Combo** : Même si les combos sont maintenant standard dans les jeux de combat, Street Fighter II les a introduits

accidentellement. Les développeurs ont découvert que certains coups pouvaient être enchaînés, et ont décidé de le garder!

- **Adaptations** : Sa popularité a conduit à plusieurs adaptations, dont des films, des séries animées et même des bandes dessinées.
- **Censures** : Dans la version originale japonaise, le boxeur connu sous le nom de Balrog aux États-Unis s'appelle M. Bison, une allusion évidente à Mike Tyson. Les noms ont été modifiés pour les versions internationales pour éviter des problèmes de droit.
- **Guile's Theme** : La musique de Guile est devenue un mème Internet, avec l'idée qu'elle "va avec tout", montrant le thème musical surimposé à diverses vidéos.
- **Championnat** : Devant son immense succès, Capcom a sorti plusieurs versions du jeu, dont "Super Street Fighter II Turbo", qui est toujours populaire dans les tournois aujourd'hui.
- **Influence** : Sans Street Fighter II, de nombreux autres jeux de combat emblématiques, tels que Mortal Kombat ou Tekken, n'auraient peut-être jamais existé.
- **Arcade** : Street Fighter II a joué un rôle clé dans la revitalisation de l'industrie de l'arcade dans les années 90.
- **Hadouken** : Le mouvement "Hadouken" de Ryu et Ken est devenu l'un des mouvements les plus reconnaissables dans l'histoire du jeu vidéo, parodié et imité à de nombreuses reprises.

Super Mario 64 (1996, Nintendo 64)

- **Pionnier** : Super Mario 64 est le premier jeu de la série Mario à présenter un monde en 3D ouvert, marquant une énorme étape pour le genre de la plateforme.
- **Révolution** : Il a introduit la caméra contrôlable par le joueur, une innovation qui a influencé la conception de nombreux jeux ultérieurs.
- **Triple saut** : C'était la première fois que Mario pouvait effectuer un triple saut, ajoutant une profondeur supplémentaire à ses capacités acrobatiques.
- **Contrôleur** : La conception du contrôleur Nintendo 64 a été fortement influencée par Super Mario 64, avec l'introduction du joystick analogique pour faciliter les mouvements précis.
- **Etoiles** : Au lieu de simplement se précipiter vers la fin de chaque niveau, les joueurs doivent accomplir différents objectifs pour obtenir des étoiles, changeant la façon dont les niveaux sont abordés.
- **Lapin** : Miyamoto, le créateur, a initialement expérimenté la capture de lapins avant de décider que Mario devrait poursuivre des étoiles.
- **Voix** : C'était la première fois que Mario avait une voix pleinement réalisée, et Charles Martinet est depuis devenu la voix iconique de Mario.
- **Bowser** : Super Mario 64 a présenté l'un des combats les plus mémorables avec Bowser, où Mario doit le saisir par la queue et le lancer.
- **Château** : Le château de Peach est l'épine dorsale du jeu, servant de hub pour accéder aux différents mondes,

une conception de niveau que de nombreux autres jeux ont par la suite adoptée.

- **Easter Egg** : Si les joueurs se placent à un certain endroit du château et regardent vers le ciel, ils sont transportés dans une zone secrète pour collecter une étoile, montrant à quel point le jeu regorge de secrets cachés.

Super Mario Bros. (1985, NES)

- **Sauvetage** : À sa sortie, Super Mario Bros. a largement contribué à revitaliser l'industrie du jeu vidéo après le krach de 1983.
- **Innovation** : Ce jeu a introduit plusieurs des principaux personnages et antagonistes de la série, dont Mario, Luigi, Princess Peach et Bowser.
- **Musique** : La mélodie emblématique du jeu, composée par Koji Kondo, est devenue l'une des plus reconnaissables au monde.
- **Limitations** : En raison des limites techniques, Mario a été coiffé d'une casquette et moustache pour éviter d'animer ses cheveux et sa bouche.
- **Piranha** : Les plantes Piranha ne sortaient pas de leurs tuyaux lorsque Mario se trouvait à côté d'eux, une caractéristique conçue pour éviter la frustration des joueurs.
- **Hard Mode** : Après avoir terminé le jeu une fois, un "mode difficile" est débloqué, où les ennemis se

déplacent plus vite et certains sont remplacés par des versions plus difficiles.

- **Minuterie** : Le joueur dispose d'une minuterie pour chaque niveau, créant un sentiment d'urgence et d'excitation.
- **Goomba** : Les Goombas ont été les derniers ennemis créés pour le jeu car les développeurs voulaient un adversaire que les joueurs pourraient vaincre facilement.
- **Drapeau** : Dans le jeu original, peu importe où Mario a attrapé le drapeau à la fin d'un niveau, il a toujours été placé au bas du mât lors de l'écran suivant.
- **Réutilisation** : Super Mario Bros. était à l'origine censé être le dernier jeu produit pour la NES, d'où la raison pour laquelle les développeurs ont utilisé chaque bit de mémoire de la cartouche, réutilisant des éléments graphiques sous différents contextes pour maximiser l'espace.

Super Mario Galaxy (2007, Wii)

- **Gravité** : Le jeu a introduit une mécanique de gravité unique où Mario pouvait sauter d'une planète à une autre, défiant la perception conventionnelle de la gravité dans les jeux vidéo.
- **Orchestre** : C'était l'un des premiers jeux Mario à avoir une bande son jouée par un véritable orchestre, rendant l'expérience encore plus immersive.

- **Luma** : Le jeu a introduit les Lumas, de petites étoiles vivantes qui aident Mario dans sa quête pour sauver Peach.
- **Nominations** : Super Mario Galaxy a reçu de multiples nominations et récompenses, dont plusieurs titres de "Jeu de l'année".
- **Rosalina** : Rosalina, la mystérieuse protectrice de l'observatoire de la comète, a été présentée pour la première fois dans ce jeu.
- **Contrôles** : Utilisant la technologie de la Wii, le jeu a implémenté des mouvements de balancement pour réaliser des attaques tourbillonnantes.
- **Successeur** : Bien qu'il ait eu une suite directe avec Super Mario Galaxy 2, le jeu est également considéré comme un précurseur spirituel de Super Mario Odyssey.
- **Black Hole** : Contrairement à d'autres jeux Mario, si Mario tombe dans le vide, il est aspiré par un trou noir, ce qui donne une conséquence plus sombre à la défaite.
- **Niveaux** : Il y a plus de 40 galaxies, avec des centaines de niveaux individuels, offrant une énorme variété d'environnements et de défis.
- **Étoiles** : Au lieu des habituelles pièces étoiles, ce jeu propose des fragments d'étoiles qui, une fois rassemblés, forment une étoile de lancement pour propulser Mario dans l'espace.

Super Mario World (1990, Super NES)

- **Yoshi** : C'était la première apparition du fidèle dinosaure Yoshi, devenu depuis un personnage emblématique de l'univers Mario.
- **Cap** : Le cap de Mario, la plume, lui permettait de planer et de voler, ajoutant une toute nouvelle dimension au gameplay.
- **Niveaux** : Super Mario World comportait 96 sorties de niveau, rendant le jeu riche en contenu et en secrets à découvrir.
- **Musique** : La bande-son est devenue iconique, avec des thèmes encore reconnus et aimés à ce jour.
- **Succès** : Avec plus de 20 millions d'exemplaires vendus, c'est l'un des jeux les plus vendus de la Super NES.
- **Design** : Les couleurs vives et le design des niveaux ont établi une nouvelle norme pour les jeux de plateforme.
- **Koopalings** : Les sept Koopalings, qui étaient les sbires de Bowser, ont été introduits comme les principaux antagonistes de ce jeu.
- **Sauvegarde** : C'était l'un des premiers jeux Mario à permettre aux joueurs de sauvegarder leur progression.
- **Monde secret** : Le jeu a introduit le concept de mondes secrets, comme le "Star World", ajoutant une couche supplémentaire de défi et de découverte.
- **Spin Jump** : Une nouvelle capacité, le "spin jump", permettait à Mario de briser certains blocs par en dessous et de vaincre certains ennemis que le saut normal ne pouvait pas.

Super Metroid (1994, Super NES)

- **Atmosphère** : L'ambiance sombre et inquiétante de la planète Zebes est considérée comme une réalisation marquante du design audiovisuel dans les jeux vidéo.
- **Speedruns** : Super Metroid est l'un des jeux les plus populaires dans la communauté des speedrunners, grâce à sa jouabilité fluide et à ses nombreux secrets.
- **Gameplay** : Le jeu a introduit le concept de "backtracking", obligeant les joueurs à revenir sur leurs pas avec de nouvelles capacités pour accéder à de nouvelles zones.
- **Interruption** : Il était possible d'interrompre et de reprendre une partie en sauvegardant à des points définis, une première pour la série.
- **Cinématiques** : Bien que rudimentaires, les cinématiques du jeu étaient avancées pour l'époque et contribuaient à raconter une histoire captivante sans utiliser de mots.
- **Cartographie** : Super Metroid était l'un des premiers jeux à inclure une carte détaillée, essentielle pour naviguer dans le vaste monde du jeu.
- **Récompense** : Selon le temps que les joueurs mettaient pour terminer le jeu, ils étaient récompensés par différentes fins, encourageant la rejouabilité.
- **Influence** : Le jeu a grandement influencé le genre "Metroidvania", une combinaison des éléments de gameplay de "Metroid" et "Castlevania".
- **Ridley** : L'antagoniste principal, Ridley, est devenu l'un des ennemis les plus emblématiques et redoutés de l'univers Metroid.

- **Revival** : Bien que la série Metroid ait connu des hauts et des bas, la popularité et l'influence de Super Metroid ont conduit à plusieurs suites et remakes au fil des ans.

Super Smash Bros. Ultimate (2018, Nintendo Switch)

- **Roster** : Avec plus de 70 combattants dès son lancement, Ultimate a le roster le plus complet de toute la série Super Smash Bros.
- **Crossover** : C'est le plus grand crossover de personnages de jeux vidéo de tous les temps, réunissant des univers aussi divers que Mario, The Legend of Zelda, Final Fantasy et bien d'autres.
- **Tout le monde est là** : Pour la première fois, tous les personnages qui ont déjà apparu dans un jeu Smash Bros précédent sont présents.
- **Mise à jour** : Le jeu continue d'être mis à jour avec de nouveaux combattants, de nouvelles arènes et de la musique grâce à des DLC.
- **World of Light** : Le mode histoire, "World of Light", est une aventure épique où les joueurs doivent sauver les combattants de l'emprise d'une force maléfique.
- **Personnalisation** : Les joueurs peuvent personnaliser les règles des combats, créer leurs propres arènes et même ajuster la puissance des combattants.
- **Musique** : Avec plus de 800 pistes musicales, le jeu offre une bibliothèque musicale couvrant l'histoire des jeux vidéo.

- **Pro-Tour** : Super Smash Bros. Ultimate est populaire dans le circuit compétitif, avec des tournois se déroulant partout dans le monde.
- **Spirits** : Le mode "Spirits" permet aux joueurs de collectionner, améliorer et combattre avec des représentations de personnages de jeux vidéo, renforçant la stratégie.
- **Communauté** : La base de fans dévouée a créé des contenus, des tournois et des événements autour du jeu, consolidant sa position comme l'un des jeux les plus aimés sur la Nintendo Switch.

Team Fortress 2 (2007, MS Windows)

- **F2P** : Après plusieurs années de succès, le jeu est devenu gratuit (Free-to-Play) en 2011, ouvrant la voie à de nombreux autres titres à adopter ce modèle économique.
- **Chapeaux** : Team Fortress 2 est notoire pour sa collection impressionnante de chapeaux et d'autres objets cosmétiques, qui sont devenus une grande partie de l'économie du jeu.
- **Mise à jour** : Le jeu est connu pour ses nombreuses mises à jour majeures, introduisant de nouvelles cartes, armes et modes de jeu.
- **Meet the Team** : Valve a publié une série de courts métrages d'animation intitulée "Meet the Team", qui introduit chacun des neuf classes jouables de manière humoristique.

- **Origines** : Team Fortress a commencé comme une modification pour Quake avant de devenir une franchise à part entière sous Valve.
- **Comédie** : Contrairement à de nombreux autres jeux de tir, TF2 adopte un ton léger et humoristique, avec des personnages caricaturaux et des situations comiques.
- **Classe** : Il y a neuf classes distinctes dans le jeu, chacune ayant ses propres armes, capacités et rôles tactiques.
- **Economie** : Le jeu a développé une économie virtuelle robuste, où les joueurs échangent des objets, des armes et des chapeaux, certains de ces articles atteignant des valeurs élevées en argent réel.
- **Community** : La communauté a créé d'innombrables cartes, modes de jeu et contenus personnalisés qui ont été intégrés dans le jeu officiel par Valve.
- **Saxxy Awards** : Valve organise les Saxxy Awards, un concours de cinématographie pour les créateurs qui utilisent le Source Filmmaker pour créer des courts métrages basés sur l'univers de TF2.

Tetris (1984, Elektronika 60)

- **Origines** : Tetris a été créé par un programmeur russe nommé Alexey Pajitnov alors qu'il travaillait à l'Institut de recherche en informatique de Moscou.
- **Nom** : Le nom "Tetris" provient du préfixe grec "tetra-" (qui signifie quatre) car chaque pièce du jeu est composée de quatre segments.

- **Propagation** : Malgré ses débuts en Russie, Tetris est devenu populaire dans le monde entier, devenant l'un des jeux les plus reconnus et joués de tous les temps.
- **Game Boy** : La version Game Boy de Tetris, sortie en 1989, est largement créditée pour avoir popularisé le jeu à l'international et pour avoir stimulé les ventes de la console portable.
- **Musique** : La mélodie emblématique de Tetris est basée sur une chanson folklorique russe appelée "Korobeiniki".
- **Droits** : Dans les premières années de Tetris, il y a eu une intense bataille pour les droits de publication du jeu, impliquant plusieurs entreprises occidentales et l'État soviétique.
- **Effet Tetris** : Après avoir joué à Tetris pendant longtemps, beaucoup prétendent voir des motifs de tétriminos (les formes de Tetris) dans leur vie quotidienne, un phénomène appelé "Effet Tetris".
- **Recherche** : Des études ont montré que jouer à Tetris peut aider à renforcer l'efficacité cognitive et à augmenter la matière grise dans certaines parties du cerveau.
- **Variations** : Au fil des ans, il y a eu d'innombrables versions et variations de Tetris, allant des classiques aux adaptations modernes avec de nouvelles règles et mécaniques.
- **Compétition** : Le jeu est si populaire qu'il existe des championnats du monde de Tetris, où les joueurs s'affrontent pour montrer leur maîtrise du jeu.

The Last of Us (2013, PlayStation 3)

- **Narration** : The Last of Us a été largement acclamé pour sa narration profonde et émotionnelle, offrant une expérience cinématographique immersive pour les joueurs.

- **Récompenses** : À la fin de 2013, le jeu avait remporté plus de 200 récompenses "Game of the Year" de différents médias et salons de jeux vidéo.

- **Fongus** : L'inspiration pour les créatures infectées du jeu provient du Cordyceps, un champignon réel qui infecte et contrôle certains insectes dans la nature.

- **Musique** : La bande-son poignante du jeu a été composée par Gustavo Santaolalla, un compositeur argentin deux fois lauréat d'un Oscar.

- **Ventes** : Le jeu a connu un succès commercial massif, se vendant à plus de 1,3 million d'exemplaires dans les trois semaines suivant sa sortie.

- **Séquel** : Suite à son succès, The Last of Us a reçu une suite intitulée "The Last of Us Part II" en 2020, continuant l'histoire de Joel et Ellie.

- **Adaptation** : Une série télévisée basée sur le jeu est en cours de production par HBO, avec Neil Druckmann, le directeur créatif du jeu, impliqué dans le projet.

- **Références** : Dans le jeu, il y a plusieurs clins d'œil et références à d'autres titres de Naughty Dog, le studio de développement, notamment la série Uncharted.

- **Émotion** : De nombreux joueurs et critiques ont souligné la séquence d'ouverture du jeu comme l'un des moments les plus émotionnels et mémorables de l'histoire du jeu vidéo.

- **Environnements** : Les décors post-apocalyptiques du jeu sont basés sur des lieux réels, offrant une représentation détaillée et réaliste de ce à quoi ces endroits pourraient ressembler après une catastrophe mondiale.

The Last of Us Part II (2020, PlayStation 4)

- **Diversité** : Le jeu a été salué pour sa représentation de personnages LGBTQ+, notamment Ellie, qui est le personnage principal et une lesbienne affirmée.
- **Polarisation** : À sa sortie, The Last of Us Part II a polarisé la communauté des joueurs, certains adorant l'évolution de l'histoire et d'autres la critiquant fortement.
- **Récompenses** : Malgré les débats, le jeu a remporté de nombreuses récompenses, dont le titre prestigieux de "Game of the Year" aux Game Awards 2020.
- **Graphismes** : Les détails visuels du jeu sont si poussés que même les cordes de guitare d'Ellie vibrent de manière réaliste lorsqu'elles sont jouées.
- **Formation** : Ashley Johnson, l'actrice qui incarne Ellie, a appris à jouer de la guitare pour certaines scènes où son personnage joue de l'instrument.
- **Jeu** : La durée de jeu est notablement plus longue que le premier opus, offrant aux joueurs environ 25-30 heures de gameplay.

- **Perspective** : Le jeu permet aux joueurs d'explorer l'histoire de plusieurs points de vue, offrant une compréhension plus profonde des événements et des motivations des personnages.
- **Animaux** : Les chiens dans le jeu ont une mécanique de flair, et peuvent suivre l'odeur d'Ellie, ajoutant une couche supplémentaire de stratégie au gameplay.
- **Accessibilité** : Naughty Dog a inclus une multitude d'options d'accessibilité, faisant de The Last of Us Part II l'un des jeux les plus accessibles jamais créés, permettant même aux joueurs malvoyants de finir le jeu.
- **Environnement** : Tout comme le premier jeu, les environnements post-apocalyptiques sont basés sur des lieux réels, et le niveau de détail est si élevé que même les enseignes des magasins reflètent des commerces authentiques.

The Legend of Zelda: A Link to the Past (1991, SNES)

- **Révolution** : Ce jeu a établi plusieurs conventions de la série Zelda, dont le concept de deux mondes parallèles.
- **Inspiration** : A Link to the Past a réintroduit un grand nombre d'éléments absents de "Zelda II", tels que la vue de dessus, et est devenu le modèle pour de nombreux jeux Zelda ultérieurs.
- **Popularité** : Il s'est vendu à plus de 4,61 millions d'exemplaires, faisant de lui l'un des jeux les plus vendus sur la Super NES.

- **Musique** : Le thème principal du jeu, aussi connu sous le nom de "Zelda's Lullaby", est devenu emblématique de la série Zelda.
- **Monstres** : A Link to the Past a introduit le concept des boss nécessitant des objets spécifiques pour être vaincus.
- **Innovations** : C'était le premier jeu à introduire le concept de la "Master Sword", l'épée iconique que Link utilise dans de nombreux jeux Zelda.
- **Séquence** : Dans une séquence mémorable, le jeu utilise la pluie pour établir une atmosphère sombre et inquiétante, montrant les capacités techniques de la Super NES.
- **Objets** : Le jeu a introduit plusieurs objets emblématiques tels que le "hookshot", qui permet à Link de franchir des obstacles.
- **Poules** : Si vous attaquez les poules dans le jeu assez longtemps, elles vous attaqueront en retour dans une furie de plumes - une blague récurrente dans les jeux Zelda depuis lors.
- **Critiques** : À sa sortie, A Link to the Past a été salué par la critique comme l'un des plus grands jeux vidéo de tous les temps et il est encore considéré comme tel par beaucoup.

The Sims (2000, MS Windows)

- **Concept** : The Sims est le premier jeu de simulation de vie, où les joueurs peuvent créer et contrôler des personnes virtuelles appelées "Sims".

- **Langue** : Les Sims parlent une langue fictive appelée "Simlish", inventée pour que le jeu soit universellement compréhensible sans avoir à être traduit dans différentes langues.

- **Influence** : Inspiré par l'architecture, le créateur Will Wright a conçu le jeu après avoir perdu sa maison lors d'un incendie et avoir dû reconstruire sa vie.

- **Succès** : The Sims est devenu la série de jeux vidéo la plus vendue au monde, avec plus de 200 millions de copies vendues.

- **Musique** : Certains des morceaux joués à la radio dans le jeu sont en réalité des chansons populaires traduites en Simlish!

- **Expansion** : Le jeu a donné naissance à un total de sept packs d'extension, ajoutant de nouveaux scénarios, objets et activités.

- **Mort** : Dans le jeu, il est possible pour un Sim de mourir de plusieurs façons, y compris en se noyant dans une piscine ou en étant effrayé à mort.

- **Censure** : Quand un Sim prend une douche ou utilise les toilettes, il est pixelisé pour préserver sa pudeur.

- **Easter Eggs** : En appuyant sur certaines combinaisons de touches, vous pouvez accéder à des astuces et des cheats qui peuvent changer drastiquement le déroulement du jeu.

- **Grim Reaper** : Lorsqu'un Sim meurt, la Faucheuse apparaît pour emporter leur âme. Si vous la défiez à un jeu de pierre-papier-ciseaux et gagnez, vous pourriez ressusciter le Sim décédé!

The Witcher 3: Wild Hunt (2015, MS Windows)

- **Narration** : Le jeu offre plus de 200 heures de contenu jouable, avec de multiples fins basées sur les choix des joueurs.
- **Inspiré** : Le jeu est basé sur une série de romans populaire écrite par l'auteur polonais Andrzej Sapkowski.
- **Succès** : The Witcher 3 a remporté plus de 250 récompenses de jeu de l'année, faisant de lui l'un des jeux les plus récompensés de tous les temps.
- **Gwynt** : À l'intérieur de l'immense monde du jeu, vous pouvez vous détendre en jouant à Gwent, un jeu de cartes stratégique, qui est devenu si populaire qu'il a été développé en tant que jeu autonome.
- **Économie** : Le budget de développement de The Witcher 3 était d'environ 81 millions de dollars, mais le jeu a rapporté plus de 280 millions en revenus bruts lors de sa première année de vente.
- **Beauté** : CD Projekt, le studio derrière le jeu, a créé un monde ouvert sans écrans de chargement, permettant une immersion totale.
- **Monstres** : Il y a plus de 80 monstres uniques à chasser dans le jeu, chacun avec ses propres habitudes, ses faiblesses et ses légendes.

- **Détails** : Si vous portez une armure lourde pendant une tempête, vous serez plus susceptible d'être frappé par la foudre!
- **Musique** : Plus de 150 morceaux de musique ont été composés spécialement pour le jeu, enrichissant l'expérience immersive.
- **DLC** : Bien que le jeu offre déjà un contenu conséquent, deux extensions majeures ont été publiées, ajoutant 50 heures supplémentaires d'histoires, de quêtes et de nouveaux territoires.

Tomb Raider (1996, Sega Saturn)

- **Pionnier** : "Tomb Raider" est l'un des premiers jeux d'action-aventure en 3D qui a défini le genre pour les années à venir.
- **Icône** : Le personnage principal, Lara Croft, est devenu l'une des premières icônes féminines majeures dans le monde des jeux vidéo.
- **Origines** : À l'origine, Lara Croft devait être un homme, mais les développeurs ont décidé de créer une héroïne féminine pour se démarquer des autres jeux.
- **Polygones** : Dans le jeu original, Lara était composée de seulement 540 polygones. Pour comparaison, les versions ultérieures de Lara Croft dans les jeux modernes sont constituées de plusieurs millions de polygones.

- **Inspirations** : L'inspiration pour le jeu est venue des films tels qu'Indiana Jones et des bandes dessinées comme "Modesty Blaise".
- **Manoir** : Le manoir Croft, où les joueurs peuvent s'entraîner, est basé sur le vrai manoir de l'un des développeurs.
- **Changement** : Le nom de Lara devait initialement être "Laura Cruz" et elle devait être une aventurière sud-américaine, avant d'être transformée en aristocrate britannique.
- **Publicité** : À sa sortie, "Tomb Raider" était tellement populaire que Lara Croft est devenue la première personnalité virtuelle à être sponsorisée par la marque de boisson Lucozade.
- **Suite** : Suite au succès de "Tomb Raider", le jeu a donné naissance à de nombreuses suites, films, livres, bandes dessinées et même des concerts.
- **VentureBeat** : Un niveau supprimé, connu sous le nom de "Tomb of the 10,000 Immortals", a été redécouvert des décennies plus tard et présenté en première mondiale par le site d'information VentureBeat en 2016.

Tony Hawk's Pro Skater 2 (2000, PlayStation)

- **Révolution** : Le jeu a été acclamé pour avoir repoussé les limites du genre de skateboarding, offrant une liberté de mouvement inégalée pour l'époque.
- **Critiques** : À sa sortie, "Tony Hawk's Pro Skater 2" a été l'un des jeux les mieux notés de tous les temps, avec des

scores presque parfaits sur de nombreux sites de critiques.

- **Mode** : La fonction "Créez un skatepark" a été introduite, permettant aux joueurs de construire leurs propres terrains de jeu personnalisés.
- **Véritable** : Les niveaux du jeu sont basés sur de véritables lieux de skate populaires à travers le monde.
- **Cameos** : Plusieurs musiciens et célébrités font de petites apparitions dans le jeu, notamment le chanteur punk Henry Rollins et le skateur professionnel Steve Caballero.
- **Bande-son** : Le jeu est célèbre pour sa bande-son éclectique, mélangeant punk rock, hip-hop et ska, avec des groupes tels que Rage Against the Machine et Bad Religion.
- **Succès** : Grâce à son succès retentissant, le jeu a engendré de nombreuses suites, spin-offs et même des remakes.
- **Secret** : Il y a un niveau caché dans le jeu où les joueurs peuvent skater dans la base d'un skater extraterrestre.
- **Mode manuel** : "Tony Hawk's Pro Skater 2" a introduit le "manuel", une figure permettant aux joueurs de combiner des tricks et d'obtenir des combos plus longs, révolutionnant ainsi le gameplay.
- **Influence** : Tony Hawk lui-même a travaillé étroitement avec les développeurs, apportant sa propre expertise et garantissant que le jeu reflète fidèlement la culture du skateboard.

Uncharted 2: Among Thieves (2009, PlayStation 3)

- **Graphismes** : À sa sortie, "Uncharted 2" a été salué pour être l'un des jeux les plus beaux de la PlayStation 3, repoussant les limites de ce que la console pouvait offrir visuellement.

- **Narration** : Le jeu a été acclamé pour son histoire cinématographique, rivalisant avec de nombreux films d'action hollywoodiens.

- **Séquences** : Parmi les moments mémorables du jeu se trouve une séquence où Nathan Drake, le protagoniste, combat ses ennemis sur le toit d'un train en mouvement.

- **Récompenses** : "Uncharted 2" a remporté de nombreux prix, dont celui du "Jeu de l'année" aux Spike Video Game Awards de 2009.

- **Voix** : L'acteur Nolan North, bien connu dans l'industrie du jeu vidéo, a prêté sa voix au personnage principal, Nathan Drake.

- **Multijoueur** : C'était la première fois qu'un jeu "Uncharted" proposait un mode multijoueur, permettant aux joueurs de s'affronter en ligne.

- **Hommages** : Le jeu contient de nombreux clins d'œil et hommages à d'autres franchises populaires, y compris un trésor qui ressemble étrangement à un artefact de "Jak and Daxter".

- **Énigmes** : Tout en étant un jeu d'action, "Uncharted 2" contient également une variété d'énigmes complexes qui nécessitent réflexion et astuce pour être résolues.

- **Animations** : Le jeu est célèbre pour ses animations fluides, en particulier les mouvements de Drake, qui réagissent de manière réaliste à son environnement.
- **Inspiration** : Le jeu s'inspire de faits historiques réels et de légendes comme celle de Marco Polo et de la cité perdue de Shambhala.

Undertale (2015, MS Windows)

- **Créateur** : "Undertale" a été principalement développé par une seule personne, Toby Fox, qui a non seulement programmé le jeu, mais a aussi composé sa musique.
- **Choix** : Le jeu est unique en ce sens qu'il offre aux joueurs la possibilité de terminer le jeu sans tuer un seul monstre.
- **Endings** : En fonction de vos actions, "Undertale" propose plusieurs fins différentes, allant de la pacifique à la génocidaire.
- **Musique** : La bande-son d'"'Undertale" est devenue extrêmement populaire, avec des mélodies comme "Megalovania" qui sont reconnues même par ceux qui n'ont pas joué au jeu.
- **Références** : Le jeu est truffé de références culturelles, d'easter eggs et de blagues qui jouent avec les conventions typiques des RPG.
- **Popularité** : Malgré son apparence simple et pixelisée, "Undertale" est devenu un phénomène culturel, avec une communauté dévouée et de nombreuses créations de fans.

- **Personnages** : Des personnages comme Sans, Papyrus et Toriel sont devenus emblématiques, avec des fans créant des fanarts, des cosplays et même des musiques basées sur eux.
- **Pacifisme** : Le jeu encourage le dialogue et la compréhension plutôt que le combat, un concept rare dans le monde des jeux vidéo.
- **Méta** : "Undertale" est connu pour briser le quatrième mur, jouant souvent avec les attentes du joueur et reconnaissant qu'il est, en fait, un jeu.
- **Développement** : Toby Fox a développé la majorité du jeu dans la chambre de son enfance chez ses parents.

Warcraft III: Reign of Chaos (2002, MS Windows)

- **Précurseur** : "Warcraft III" a jeté les bases de ce qui allait devenir l'un des jeux en ligne les plus populaires de tous les temps, "World of Warcraft".
- **Éditeur** : Le jeu est fourni avec un éditeur de cartes puissant, qui a permis aux joueurs de créer des mods comme "Defense of the Ancients", précurseur du genre MOBA et directement responsable de jeux comme "Dota 2".
- **Campagnes** : Le jeu propose quatre campagnes distinctes, une pour chaque race: Humains, Orcs, Elfes de la nuit et Morts-vivants.
- **Héros** : Contrairement aux jeux de stratégie traditionnels, "Warcraft III" a introduit des héros qui

gagnent de l'expérience, montent de niveau et peuvent équiper des objets.

- **Légendes** : L'histoire du jeu a enrichi la mythologie de l'univers de Warcraft, présentant des personnages emblématiques comme Arthas, Thrall et Illidan.
- **Innovations** : "Warcraft III" a repoussé les limites des jeux de stratégie en temps réel en introduisant des éléments RPG et une narration profonde.
- **Evénements** : Des événements majeurs de ce jeu ont des répercussions sur les extensions et les scénarios de "World of Warcraft".
- **Extensions** : Le jeu a eu une extension, "The Frozen Throne", qui a non seulement ajouté du contenu, mais a également peaufiné et équilibré le jeu de base.
- **Communauté** : La communauté de "Warcraft III" est restée active pendant de nombreuses années, organisant des tournois et créant d'innombrables cartes et mods personnalisés.
- **Renaissance** : En 2020, Blizzard a publié "Warcraft III: Reforged", une version remasterisée du jeu avec des graphismes améliorés, bien que l'accueil ait été mitigé.

World of Warcraft (2004, MS Windows)

- **Révolution** : À sa sortie, "World of Warcraft" a redéfini le genre MMORPG en créant une expérience immersive et riche en contenu.

- **Abonnés** : À son apogée, le jeu comptait plus de 12 millions d'abonnés actifs, faisant de lui le MMORPG le plus populaire au monde.
- **Expansions** : Depuis sa sortie, "World of Warcraft" a eu de nombreuses extensions, chacune apportant de nouvelles zones, races, classes et mécanismes de jeu.
- **eSport** : Les combats JcJ (Joueur contre Joueur) ont gagné en popularité, aboutissant à la création des "World of Warcraft Arena World Championships".
- **Légendes** : Le jeu intègre des personnages légendaires de l'univers Warcraft, de Thrall à Sylvanas en passant par Anduin.
- **Raids** : Des groupes de jusqu'à 40 joueurs peuvent participer à des raids pour vaincre des boss épiques, nécessitant une coordination et une stratégie minutieuses.
- **Économie** : L'économie interne du jeu avec son système d'or et d'enchères est si vaste qu'elle a été étudiée dans des contextes académiques réels.
- **Cinématiques** : Les cinématiques d'introduction de chaque extension sont célèbres pour leur qualité et leur capacité à raconter des histoires profondes et émotionnelles.
- **Événements** : Des événements mondiaux spéciaux ont lieu tout au long de l'année, tels que la Foire de Sombrelune et la fête lunaire.
- **Culture** : L'impact culturel de "World of Warcraft" est immense, avec des apparitions dans des émissions TV, des films, et même des mariages dans le jeu!

XCOM: Enemy Unknown (2012, MS Windows)

- **Renaissance** : "XCOM: Enemy Unknown" est un reboot moderne de la série classique "X-COM" des années 1990, mêlant tactique au tour par tour et gestion de base.
- **Permadeath** : Si un soldat meurt pendant une mission, il est définitivement perdu, ce qui renforce l'attachement du joueur à ses troupes.
- **Personnalisation** : Les joueurs peuvent personnaliser entièrement leurs soldats, de leur apparence à leurs noms, renforçant ainsi le lien émotionnel.
- **Choix** : Des décisions cruciales doivent être prises en dehors du combat, y compris quelle mission accepter ou quel pays aider, avec de véritables conséquences mondiales.
- **Classes** : Les soldats peuvent être formés dans des classes spécifiques comme Éclaireur ou Ingénieur, chacune avec ses propres capacités uniques.
- **Extraterrestres** : L'ennemi, constitué d'aliens, possède une variété de créatures, allant des Sectoïdes de petite taille aux terrifiants Mutons.
- **Interception** : Outre les combats terrestres, les joueurs doivent aussi intercepter des OVNIs avec leurs avions de chasse, dans des mini-jeux stressants.
- **Ressources** : La gestion des ressources est essentielle, que ce soit pour la recherche, le développement ou la construction de nouvelles installations.
- **Multijoueur** : Pour la première fois dans la série, un mode multijoueur permet aux joueurs de s'affronter avec des équipes mixtes d'aliens et de soldats.

- **Accolades** : À sa sortie, "XCOM: Enemy Unknown" a été largement salué par la critique et a remporté plusieurs prix de "Jeu de l'année".

Conclusion

Nous voici arrivés à la fin de ce voyage extraordinaire à travers l'univers fascinant des jeux vidéo. De l'humilité des premières arcades aux mondes virtuels envoûtants de la réalité augmentée, chaque page de ce livre a tenté de capturer l'essence, la magie et les moments inoubliables que ces titres nous ont offerts.

Mais ce n'est pas seulement l'histoire des jeux eux-mêmes que nous avons explorée. C'est aussi l'histoire de millions de joueurs, de développeurs passionnés, d'artistes talentueux et de visionnaires qui ont tous contribué à façonner une industrie en constante évolution. Chaque fait étonnant, chaque anecdote partagée, chaque secret dévoilé n'est qu'une petite pièce d'un puzzle beaucoup plus grand qui raconte notre histoire collective en tant que communauté de joueurs.

Bien que nous ayons couvert mille faits fascinants, il y a encore tellement d'histoires à découvrir, d'aventures à vivre et de mondes à explorer. Le monde du jeu vidéo est vaste et sans fin, et nous sommes convaincus que de nombreux autres faits étonnants verront le jour dans les années à venir.

Merci de nous avoir accompagnés dans cette aventure épique. Gardez cette curiosité, cette soif d'apprendre et cette passion du jeu toujours vivantes. Après tout, comme le prouve ce livre, chaque jeu a une histoire à raconter.

Daniel Scott